W0280917

Joern J. Bambeck

P ERSÖNLICHKEITS-
S TRUKTUR-
A NALYSE

Wegweiser zur Selbst- und Menschenkenntnis

Dieses Buch ist persönliches Eigentum von

Name/Anschrift meines Trainers

Grüne Reihe
Erfolg und Methodik GABAL Bd. 20

Herausgeber: Prof. Dr. Hardy Wagner

P ERSÖNLICHKEITS-
S TRUKTUR-
A NALYSE

Wegweiser zur Selbst- und Menschenkenntnis

von Joern J. Bambeck

GABAL-Band 20 Erfolg und Methodik

Die Deutsche Bibliothek - CIP-Einheitsaufnahme

Bambeck, Joern J.:
Die Persönlichkeits-Struktur-Analyse: PSA; der Wegweiser zur Selbst- und Menschenkenntnis / von Joern J. Bambeck. - Speyer: GABAL, 1992
(GABAL-Schriftenreihe; 20: Erfolg und Methodik)
ISBN 3-923984-20-0
NE: Gesellschaft zur Förderung Anwendungsorientierter Betriebswirtschaft und Aktiver Lehrmethoden in Fachhochschule und Praxis: GABAL-Schriftenreihe

Satz und Layout: Susanne Meyer
Herstellung: Moeker Merkur Druck GmbH, Köln

Herausgeber: Prof. Dr. Hardy Wagner im Auftrag der
Gesellschaft zur Förderung
Anwendungsorientierter
Betriebswirtschaft und
Aktiver
Lehrmethoden in Fachhochschule und Praxis

Dudenhofer Straße 46, 6720 Speyer
Tel. (0 62 32) 96 66, Fax (0 62 32) 9 86 09

© 1992 by Dr. Joern J. Bambeck
Alle Rechte vorbehalten. Vervielfältigungen, auch auszugsweise, nur mit Genehmigung des Verlages.

INHALT

- **Geleitwort von Prof. Dr. Dr. Dr. Brengelmann** 9
- **Vorwort des Autors** 13

1. Selbst- und Menschenkenntnis - Wichtige Grundlagen des Erfolgs
- Kennt sich nicht jeder selbst am besten? 15
- Erste Zielsetzung dieses Buches: Verbesserte Selbstkenntnis 18
- Zweite Zielsetzung dieses Buches: Verbesserte Menschenkenntnis 19

2. Verbesserte Selbst- und Menschenkenntnis durch die Persönlichkeits-Struktur-Analyse (PSA)
- Warum die PSA "einsame Spitze" ist 20
- Was erhält der Leser dieses Buches? 23

3. Durchführung der PSA
- Bearbeitungshinweise 24
- Die Ermittlung Ihrer PSA-Werte 32
- Sie haben es geschafft! 42

4. Das Persönlichkeits-Modell der PSA
- Haupt- und Unterfaktoren 43
- Das 3-Komponenten-Modell 45

5. Das Gesamtbild Ihrer PSA 49

Exkurs: Das Zimbardo-Experiment 51

6. Die Bedeutung der Haupt- und Unterfaktoren
– Die Bedeutung der Faktoren-Werte 55
– Die ALPHA-Komponente (rot) 56
– Die BETA-Komponente (gelb) 58
– Die GAMMA-Komponente (blau) 60
– Die ALPHA-Unterfaktoren 62
– Die BETA-Unterfaktoren 68
– Die GAMMA-Unterfaktoren 74

– Überblick: Die 6 PSA- und 18 PST-
Unterfaktoren 80
– Überblick: Die 3 Hauptfaktoren im direkten
Vergleich 81

Übung: Anwendung Ihrer gewonnenen Erkenntnisse 84

7. Der Einfluß des Sekundär-Faktors 87
– Primär-Faktor ALPHA 88
– Primär-Faktor BETA 90
– Primär-Faktor GAMMA 92

8. Die Bedeutung des Tertiär-Faktors 94

9. Ihr subjektives und Ihr objektives Persönlichkeits-Bild
– Das subjektive Bild - Wie Sie sich sehen 98
– Das objektive Bild - Wie Sie wirklich sind 101
– Die „Gretchenfrage“ 104

10. Anregungen zur Nutzung Ihrer PSA
– Vom „einäugigen" zum „beidäugigen" Sehen 110
– Gute und schlechte Eigenschaften 112
– Kann man sich ändern? 114

Übung: Wie gut ist Ihre Menschenkenntnis?

11. Anwendungsbereiche für die PSA und den PST 121
– Die wichtigste Anwendung 131

● **Nachwort des Herausgebers** 133

A N H A N G 136
– A) Die GPA (Gesellschaft für angewandte Persönlichkeits-Analyse) 137
– B) Zur Vorgeschichte von PSA und PST 141
– C) Zur Entwicklung von PSA und PST 148
– D) Gemeinsamkeiten und Unterschiede zwischen PSA und PST 150
– E) Zum Korrektur-Verfahren 153

● Literatur-Verzeichnis 157

● MEIN PSA-DIAGRAMM - WIE ICH MICH SEHE 162

● MEIN KORRIGIERTES PSA-DIAGRAMM - WIE ICH WIRKLICH BIN 163

Für CHRISTINE

Geleitwort

Joern J. Bambeck hat die PSA (Persönlichkeits-Struktur-Analyse) aus seinem PST (Persönlichkeits-Struktur-Test) entwickelt. Die PSA ist die "legitime Tochter" des PST.
Beide Instrumente fußen auf inhaltlichen Merkmalen, die aus der internationalen Forschung bekannt sind. Es bedarf keiner großen Anstrengung, um die Wortbedeutung ihrer Faktoren zu verstehen.
Die Test-Items gliedern sich in drei mit den Anfangsbuchstaben des griechischen Alphabets gekennzeichnete sogenannte Komponenten oder "Hauptfaktoren", wie folgt:

- ALPHA steht für unterschiedliche Formen der Selbstaktivierung (mit "Unterfaktoren" wie "Dominanz, Durchsetzung, Impulsivität" u. a.);
- BETA reflektiert vorwiegend positive, gefühlsbetonte soziale Bedürfnisse, verbunden mit innerer Stabilität (mit "Unterfaktoren" wie "Menscheninteresse, Vermitteln, Gefühlsorientierung" u. a.);
- GAMMA erfaßt Bedürfnisse nach Sicherheit und Kontrolle sowie die damit korrelierenden persönlichen und sozialen Streßreaktionen (mit "Unterfaktoren" wie "Kontrolle, Introversion, Sensibilität" u. a.).

Aufgrund dieser Einteilung können die PSA und insbesondere der PST berechtigten Anspruch auf die Bezeichnung "Breitbandiges Instrument zur Bestimmung individueller Persönlichkeits-Strukturen mit relevanten Merkmalen menschlichen Handelns und Erlebens" erheben. Aus der Kombination der Haupt- und Unter-

faktoren läßt sich eine für praktische Zwecke weitaus genügende Anzahl von Persönlichkeits-Strukturen ableiten. Die Diagnostik kann sich somit den individuellen Bedürfnissen anpassen.
Bambeck verweist auf die Verwandtschaft von PST und PSA mit den Produkten bekannter Persönlichkeitsforscher wie Sheldon, Cattell, Guilford und nicht zuletzt Eysenck. Dabei betont er zu Recht die Notwendigkeit wissenschaftlicher Prinzipien der Testkonstruktion.
Seine Faktoren weisen eine gute Zuverlässigkeit auf, und es gibt mehrere Ansätze, welche die Gültigkeit von PST und PSA belegen, wobei auch Korrelationen mit anderen etablierten Persönlichkeits-Tests zitiert werden. Mit Spannung wird man die weitere Validierung erwarten, etwa gegenüber Führungskriterien oder zusätzlicher Berufssparten.

Es wird besonderer Wert gelegt auf die Entwicklung eines neuen Verfahrens zur Korrektur von unbewußten Verfälschungen durch die "Persönliche Erwünschtheit". Dies ist ein äußerst schwieriges Unterfangen, und der Nachweis der Effektivität dieser Möglichkeit hat schon viele Spezialisten überlastet. Das von Bambeck hierzu entwickelte "Doppelkorrektur-Verfahren" scheint in der Tat geeignet, die durch Selbsttäuschung unbewußt verfälschten Scores in annähernd unverfälschte umzuwandeln. Obwohl Bambecks Argumentation und Belege für die Wirksamkeit seines Korrekturverfahrens stringent und überzeugend sind, wären weitere Untersuchungen zu einer noch breiteren Absicherung seiner interessanten Korrekturmethode wünschenswert.

Joern J. Bambeck hat sich in beeindruckender Weise der großen Mühe der Konstruktion des experimentell fundierten PST sowie der PSA unterzogen. Dies ist für einen vielbeschäftigten Psychotherapeuten, Management-Trainer und Autor eine herkulische Aufgabe und wird es so lange bleiben, wie sich der PST und die PSA verbreiten und von vielen Kritikern unter die Lupe genommen werden. Man wird den Geist, den man gerufen, dann nie mehr los. Ich wünsche ihm dazu hohe Werte im ALPHA-Unterfaktor "Durchsetzung", im Beta-Unterfaktor "Vermitteln" und im Gamma-Unterfaktor "Absicherung".

München, im September 1992

Prof. Dr. Dr. Dr. Johannes C. Brengelmann
Leiter des Center for Behavioral Excellence CBE / München
Emeritiertes wissenschaftliches Mitglied des Max-Planck-Instituts
Ehemaliger Direktor am Max-Planck-Institut für Psychiatrie/ München

WICHTIGER HINWEIS:

Der Inhalt dieses Buches ist urheberrechtlich und wettbewerbsrechtlich geschützt.
Der Erwerb des Buches erlaubt nur die persönliche Anwendung der PSA (Persönlichkeits-Struktur-Analyse) für den Besitzer.
Jedwede unerlaubte Vervielfältigung und Anwendung der Inhalte dieses Buches verletzen das Urheberrecht und ziehen eine rechtliche Verfolgung nach sich!

Vorwort des Autors

Zu allererst möchte ich mich bei all jenen bedanken, die mir in vielfacher Hinsicht sehr geholfen haben.
Meiner langjährigen Kollegin Frau Dr. Antje Wolters schulde ich für ihre unermüdliche Hilfe den größten Dank. Ihre konstruktive Kritik, Anregungen und Analysen waren von unschätzbarem Wert bei vielen theoretischen und praktischen Problemen, die es bei der Entwicklung des PST und der PSA sowie beim Schreiben dieses Buches zu bewältigen galt.
Herzlich bedanken möchte ich mich ebenfalls bei Prof. Dr. Hardy Wagner, meinem geschätzten Herausgeber und Partner in der GPA (Gesellschaft f. angewandte Persönlichkeits-Analyse). Er hat mit seinem außergewöhnlichen Engagement nicht nur den entscheidenden Anstoß zu diesem Buch gegeben, sondern auch durch seine große Sachkenntnis und langjährige Erfahrung als Management-Trainer sowie als Herausgeber der GABAL-Schriften sehr viel zu der gelungenen Gestaltung dieses Buches beigetragen.
Dank schulde ich auch Dr. Michael Wiseman, Psychologe, Statistiker und Informatiker am Leibniz-Rechenzentrum in München. Durch seine kompetente und freundliche Mithilfe können auch komplexe mathematisch-statistische Untersuchungsmethoden zur wissenschaftlichen Absicherung und Weiterentwicklung der PSA und des PST eingesetzt werden.
Zuletzt darf ich mich noch bei Boris Bullens, unserem EDV-Spezialisten und PC-Fachmann, bedanken. Seine kenntnisreiche Mitwirkung war und ist der beste Garant für eine optimale und adäquate Datenerfassung sowie für eine professionelle PC-Auswertung der PSA und des PST.

Liebe Leserin, lieber Leser, gestatten Sie mir dieses eine Mal diese sehr persönliche Anrede; denn es war ursprünglich meine feste Absicht, auch auf all den folgenden Seiten nicht ausschließlich "männliche" Bezeichnungen zu wählen. Gerade in diesem Buch, das Frauen wie Männer angeht, sollte natürlich neben einem "Er" und "Jeder" eine "Sie" und "Jede" gleichberechtigt stehen, wie neben einer männlichen Berufsbezeichnung eine weibliche und so weiter. Ich will Ihnen nur die beiden Hauptgründe nennen, warum ich mich letztendlich doch dazu durchrang, eine durchgängig einseitige, und zwar "männliche" Formulierung zu wählen. Es sind die nicht unbeträchtlichen Behinderungen des Leseflusses durch eine "gleichberechtigte" Schreibweise und der in unserer Sprache noch immer übliche Gebrauch "männlicher" Bezeichnungen.
Meine zweite Entscheidung betraf den relativ umfangreichen Anhang. Es schien mir sinnvoll, all jene Informationen über die PSA und den PST, die für eine persönliche Nutzung dieses Buches nicht unbedingt erforderlich sind, in den Anhang zu "verbannen". Die Absicht war, damit jenen zu dienen, die an weiterführenden Informationen nicht unbedingt interessiert sind. Aber auch die anderen sollten nicht zu kurz kommen, welche beispielsweise an einer Ausbildung zum/zur autorisierten PSA- und PST-Trainer/in oder an der Entstehungsgeschichte und den neuesten Erkenntnissen bezüglich meiner beiden Persönlichkeits-Instrumente interessiert sind.

Ich wünsche Ihnen und mir, daß sich Ihre Erwartungen, die Sie in dieses Buch setzen, erfüllen.

München, 8. September 1992
Joern J. Bambeck

Selbst- und Menschenkenntnis - Wichtige Grundlagen des Erfolgs

Kennt sich nicht jeder selbst am besten?

Und doch steht über dem Eingang des Apollo-Tempels in Delphi die jahrtausendealte Aufforderung: "Erkenne dich selbst!" Sie soll von Chilon aus Sparta stammen, einem der "Sieben Weisen" des alten Griechenlands. Eine andere Überlieferung schreibt sie dem noch berühmteren Thales von Milet zu, den man eines Tages fragte: "Was ist das schwerste im Leben?" Hierauf soll er geantwortet haben: "Sich selbst zu erkennen!"
Ein Ausspruch, über den man seit Menschengedenken philosophiert. Dabei ist die Antwort des Thales auf die zweite ihm gestellte Frage, "Was ist das leichteste im Leben?", mindestens ebenso bedenkenswert. Sie lautete nämlich: "Ratschläge geben!"

Auf Seminaren mit Führungskräften erzähle ich gelegentlich diese Anekdote, wenn wir die Übung "Heißer Stuhl" durchführen. Dabei sitzt ein Teilnehmer außerhalb eines Kreises, den die übrigen Teilnehmer und ich bilden und hört sich an, welche Eindrücke wir von ihm gewonnen haben. Selten, daß diese Person nicht beeindruckt oder gar erschüttert ist, wieviel Zutreffendes über sie von den übrigen erkannt wird, selbst wenn die Person sich bemüht haben sollte, anders aufzutreten, als sie wirklich ist (s. Bambeck 1988). Am stärksten beeindruckt die Teilnehmer meist die Menschenkenntnis des Trainers, die sie sich aus der Tatsache erklären, daß ihr Seminarleiter ein erfahrener Psychotherapeut ist. In Wirklichkeit beziehe ich meine Menschenkenntnis jedoch nur zum Teil aus

meiner langjährigen therapeutischen Arbeit. Von zusätzlicher großer Hilfe ist mir hierbei jenes grundlegende Wissen um Zusammenhänge in den Persönlichkeits-Strukturen von Menschen, wie ich sie dem Leser dieses Buches vermitteln möchte.
Da wirkt beispielsweise ein Mensch ziemlich ruhig und sagt nur Dinge, die Hand und Fuß haben. Die Teilnehmer äußern genau diese Eindrücke. Dieser Mensch erscheint ihnen von fast stoischer Gemütsruhe, gepaart mit Ernst, hoher Intelligenz und Redegewandtheit. Man erachtet ihn als zuverlässig und präzise, aber auch als kritisch und nicht so leicht zugänglich.
Diese Eindrücke treffen größtenteils zu und sind doch nur die halbe Wahrheit. Erzähle ich dann, daß dieser Mensch wahrscheinlich nur äußerlich sehr ruhig wirkt, innerlich jedoch meist auf "Hochtouren läuft" und Schwierigkeiten hat, sich zu entspannen, daß es ihm zwar schwerfällt, auf andere zuzugehen, daß er jedoch den Menschen, denen er sich nahe fühlt, so tief verbunden ist, daß er endgültige Trennungen von ihnen kaum ertragen kann - dann glauben die Teilnehmer oft, nicht nur einen Psychotherapeuten, sondern gar einen Hellseher vor sich zu haben.
Doch langsam begreift man und schließlich glaubt man mir, daß diese Erkenntnisse kein Psychologiestudium erfordern, nicht einmal eine besondere Begabung darstellen, sondern allein auf dem Wissen um empirisch feststellbare Grundstrukturen in der Persönlichkeit eines Menschen beruhen.
So erstaunlich und überzeugend dieses Wissen auch erscheinen mag, es ist erlernbar und - was man nie vergessen sollte - es kann weder vollständig noch immer zutreffend sein. Jeder Mensch ist letztlich eine Insel, die niemand ganz erforschen kann und deren Geheimnisse man nie zur Gänze lüften wird. Wie unmenschlich und langweilig, wenn wir es könnten!

Viele meinen: Für einen Psychotherapeuten, der bis in das Innerste von Menschen vordringt, müssen Menschen doch langweilig werden. Tatsache ist: Je mehr wir von einem Menschen wissen, desto besser können wir ihn verstehen und einschätzen, aber desto klarer erkennen wir auch, wie wenig wir im Grunde von uns und anderen wissen und wie leicht wir uns täuschen können!
Es scheint nur auf den ersten Blick widersprüchlich, daß sich jeder letztlich am besten kennt und sich dennoch niemand völlig kennt. So meinte auch Karl Jaspers, der bekannte Philosoph und Seelenarzt, daß der Mensch immer mehr ist, als er von sich wissen kann, und sich daher durch sein Tun selbst immer wieder überraschen wird.

Selbst(er)kenntnis und Menschenkenntnis bleiben ein lebenslanger Weg, der nie an sein Ende kommt, auf dem Sie jedoch durch dieses Buch ein schönes Stück vorwärts kommen können.

Erste Zielsetzung dieses Buches: Verbesserte Selbstkenntnis

Eine Verbesserung der Selbstkenntnis bietet eine ganze Reihe von Vorteilen bzw. verbesserte Voraussetzungen insbesondere für:

- Das Erkennen der eigenen Persönlichkeits-Struktur und damit besonderer Eigenschaften und Fähigkeiten, spezifischer Eigenarten sowie individueller Potentiale
- Das Erkennen der eigenen Grenzen und Schwächen
- Die Nutzung der erkannten eigenen Stärken
- Den Umgang mit eigenen Schwächen und Grenzen
- Die Übereinstimmung zwischen individueller Persönlichkeits-Struktur und äußerem Verhalten

Dies bewirkt in der Regel:

- Erhöhte Glaubwürdigkeit, Echtheit sowie eine positive Wirkung auf andere
- Größere Erfolgsaussichten bei einer Veränderungsarbeit an der eigenen Person
- Wertvolle Hinweise für die richtige Berufswahl und für erfolgversprechende berufliche Veränderungen
- Steigerung der Kreativiät

und anderes mehr

Zweite Zielsetzung dieses Buches: Verbesserte Menschenkenntnis

Das zweite wichtige Ziel dieses Buches ist - aufbauend auf verbesserter Selbstkenntnis - dem Leser eine bessere Menschenkenntnis zu vermitteln. Genauer gesagt: Ein besseres bzw. zutreffenderes Einschätzen und tieferes Verstehen der Persönlichkeits-Strukturen und Eigenarten anderer Menschen.
Die Vorteile guter Menschenkenntnis sind so vielfältig, daß an dieser Stelle ebenfalls eine knappe Auflistung genügen mag. An späterer Stelle (Kapitel 11) werden diese Hinweise noch ergänzt.

Eine Verbesserung der Menschenkenntnis bietet insbesondere:

- Vorteile in der Partnerschaft
- Vorteile bei der Kindererziehung und Kinderbetreuung
- Vorteil bei der Einstellung von Personal
- Vorteile im Umgang mit Mitarbeitern und Vorgesetzten
- Vorteile bei der Zusammenstellung von Teams und Projektgruppen
- Vorteile im Umgang mit Geschäftsfreunden, Verhandlungspartnern, Kunden und Patienten
- Steigerung der Kreativität und der Leistungsfähigkeit von Gruppen

und anderes mehr

Verbesserte Selbst- und Menschenkenntnis durch die Persönlichkeits-Struktur-Analyse (PSA)

Warum die PSA "einsame Spitze" ist

Zur Ermittlung der Persönlichkeits-Struktur eines Menschen entwickelte ich in langjähriger Arbeit eine neue Methode zur Persönlichkeits-Analyse, den sogenannten PST (Persönlichkeits-Struktur-Test; Bambeck 1991, 1993).

Die hier dargestellte PSA - die Persönlichkeits-Struktur-Analyse - ist eine leichter und schneller durchführbare Grundversion des PST.

Sowohl PST als auch PSA sind wissenschaftlich abgesicherte Instrumente, welche die vorhandene Selbstkenntnis eines Menschen nutzen, um aus ihr markante Persönlichkeits-Eigenschaften dieses Menschen herauszufiltern. Hieraus lassen sich zusätzliche Aussagen über die Grundstruktur der jeweiligen Persönlichkeit mit überraschend hoher Wahrscheinlichkeit ableiten.

PSA und PST liefern somit Informationen über:

- die Grundstruktur einer Persönlichkeit und
- die Ausprägungsgrade wichtiger Eigenschaften einer Person.

Dieses Ordnen und Strukturieren bereits erworbener Selbstkenntnis leisten nicht nur wissenschaftlich geprüfte und teststatistisch abgesicherte Fragebögen, sondern unter Umständen auch ein wissenschaftlich unzureichend fundiertes und abgesichertes, mehr oder minder spekulatives Verfahren.

Was spricht dann noch für ein weiteres Instrument?
Die Antwort ist ebenso kurz wie einfach, auch wenn sie im ersten Moment sehr anspruchsvoll klingt:
PSA sowie PST sind "einsame Spitze" unter den Persönlichkeits-Instrumenten; denn sie leisten einiges mehr als bereits existierende Verfahren!
Die Hauptgründe für die Richtigkeit dieser anspruchsvollen Aussage sind:

(1) **PSA sowie PST zeigen erstmals nicht nur, wie ein Mensch sich selbst sieht, sondern weitgehend auch, wie er tatsächlich ist !**
Genauer gesagt: PSA sowie PST sind erstmalig in der Lage, in befriedigender Weise die unbewußt mehr oder weniger verfälschten Selbsteinschätzungen einer Person in annähernd unverfälschte umzuwandeln.
Näheres hierüber, warum nur die PSA und der PST dies zu leisten vermögen, finden interessierte Leser im Anhang E.

(2) **PSA sowie PST sind einerseits wissenschaftlich abgesichert und dennoch für jedermann zugänglich und nutzbar!**
Genauer gesagt: Wissenschaftlich abgesicherte und anerkannte Persönlichkeits-Tests sind meist so komplex und kompliziert in ihrer Anwendung, daß sie in der Regel nur von Experten fachgerecht angewendet werden können. Für Laienanwender ist der Zugang zu diesen Tests dadurch häufig verschlossen und überdies viel zu aufwendig. Wer kann es unter diesen Umständen Laienanwendern verden-

ken, wenn sie sich mit wissenschaftlich ungesicherten Persönlichkeits-Fragebögen zufriedengeben, deren Ergebnisse von den Erfindern und dadurch auch von den Laienanwendern in ihrer Aussagekraft meist erheblich überschätzt werden oder mit unzulässigen und unverantwortlichen Empfehlungen interpretiert werden. PSA und PST bieten nunmehr einen Ausweg aus diesem Dilemma.

(3) **Das Verhältnis vom Aufwand zum Nutzen ist beim PST und bei der PSA erheblich günstiger als bei allen dem Autor bekannten funktionierenden Persönlichkeits-Fragebögen!**
Belege für die Richtigkeit dieser Aussagen werden in diesem Buch angeführt (s. Anhang D). Darüber hinaus sind sie - speziell im Hinblick auf die wissenschaftlich-statistischen Grundlagen - an anderer Stelle ausführlich dokumentiert (Bambeck 1991).

Was erhält der Leser dieses Buches?

Der Leser und Nutzer dieses Buches erhält die Möglichkeit, anhand der PSA die individuelle Stärke einiger seiner wichtigen Persönlichkeits-Eigenschaften zu ermitteln. Hieraus ergeben sich zusätzliche Hinweise auf die Grundstruktur seiner Persönlichkeit.
Das Studium der "Hauptfaktoren" bzw. "Komponenten" der Persönlichkeit eines Menschen und die Auseinandersetzung mit den Ergebnissen seiner PSA tragen grundlegend sowohl zur Vertiefung der Selbstkenntnis als auch zur Verbesserung der Menschenkenntnis bei.
Wie andere Selbsteinschätzungs-Verfahren zeigt die PSA, wie sich eine Person selbst sieht. Was jedoch keineswegs bedeuten muß, daß sie in Wirklichkeit auch so ist, wie sie sich sieht!
Während alle anderen mir bekannten Verfahren keine - oder keine ausreichenden - Möglichkeiten besitzen, um festzustellen, ob eine Person sich verfälscht oder unverfälscht wahrnimmt, ist dies mittels der PSA erstmals in befriedigender Weise möglich! Denn die PSA zeigt wie der PST, ob sich jemand in etwa realistisch oder zu positiv bzw. zu negativ sieht.
Des weiteren erfahren Sie - falls Interesse besteht -, wie Sie sich zum autorisierten PSA- und PST-Trainer ausbilden lassen können (s. Anhang A: Die Gesellschaft für angewandte Persönlichkeits-Analyse, GPA).
Ebenfalls im Anhang finden interessierte Leser weitere Hintergrund-Informationen über die PSA und den PST.

Durchführung der PSA

Bearbeitungshinweise

Die PSA enthält 35 Aussagen, sogenannte Items.
Nach dem Lesen eines PSA-Items entscheiden Sie, wie stark die jeweilige Aussage auf Sie zutrifft.

0	= trifft	**sehr schwach**	zu
1	= trifft	**schwach**	zu
2	= trifft	**mittel**	zu
3	= trifft	**stark**	zu
4	= trifft	**sehr stark**	zu

Genauer ausgedrückt:

0	= trifft mit einer Stärke/Häufigkeit von	**0% - 20%**	zu
1	= trifft mit einer Stärke/Häufigkeit von	**20% - 40%**	zu
2	= trifft mit einer Stärke/Häufigkeit von	**40% - 60%**	zu
3	= trifft mit einer Stärke/Häufigkeit von	**60% - 80%**	zu
4	= trifft mit einer Stärke/Häufigkeit von	**80% - 100%**	zu

Das Item Nr.1 lautet:

1. Ordnung ist für mich sehr wichtig	

Falls die Aussage „Ordnung ist für mich sehr wichtig" stark auf Sie zutrifft (bzw. ihre Stärke/Häufigkeit zwischen 60% und 80% liegt), tragen Sie bitte den Wert 3 in das entsprechende leere Kästchen ein:

1. Ordnung ist für mich sehr wichtig 3

Die leeren Kästchen auf der jeweiligen rechten Seite brauchen Sie vorerst nicht zu beachten.

Beim Einschätzen der 35 PSA-Items achten Sie bitte unbedingt auf die vier nachstehenden "Spiel-Regeln":

(1) **Bewerten Sie bei jedem Item Ihre "natürliche" Verhaltenstendenz!**
Nehmen wir an, daß Ihnen Ordnung nicht sehr wichtig ist, daß Sie in Ihren vier Wänden deshalb auf Ordnung wenig Wert legen. Sollte in Ihrer beruflichen Tätigkeit jedoch Ordnung sehr wichtig sein, so werden Sie sich bei Ihrer Berufsausübung um ordentliches Arbeiten bemühen. Das heißt, wir können unsere natürlichen Verhaltenstendenzen willentlich beeinflussen und korrigieren.
Es kann aber auch sein, daß Ihnen sowohl privat wie beruflich nur bei bestimmten Dingen ordentliches Verhalten sehr wichtig ist. Um Ihre natürliche Verhaltenstendenz zu bewerten, brauchen Sie sich nur folgende Frage zu stellen:
In rund wieviel Prozent der Fälle ist mir Ordnung sehr wichtig bzw. tendiere ich ohne willentliche Anstrengung zu ordentlichem Verhalten?
Lautet Ihre Antwort hierauf "in rund 85%", dann bewerten Sie das Item mit einer 4.
Lautet Ihre Antwort "in rund 30%", dann tragen Sie eine 1 ein.

(2) Treffen Sie Ihre Einschätzungen ehrlich und möglichst ohne langes Nachdenken!

(3) Benutzen Sie die gesamte Skalenbreite - d. h. alle Werte von 0 bis 4!

(4) Bemühen Sie sich, alle Items in 5 bis 7 Minuten zu bewerten!

Bewerten Sie nun jedes der folgenden 35 PSA-Items in bezug auf Ihre Person:

1.	Ordnung ist für mich sehr wichtig
2.	Im geselligen Kreis bin ich oft Mittelpunkt
3.	Ich nehme das Leben stets von der positiven Seite
4.	Ich finde zu Fremden leicht Kontakt
5.	In Diskussionen äußere ich mich gerne und häufig
6.	Menschen kommen mit ihren Sorgen leichter zu mir als zu anderen
7.	Ich neige zum Perfektionismus bis zu Pedanterie
8.	Ich kann Menschen auf Anhieb richtig einschätzen
9.	Ich bin ein innerlich stabiler Mensch
10.	Ich würde am liebsten alles selber tun
11.	Ich neige dazu, andere zu überrollen
12.	Ich bin im Grunde ein kluger Mensch
13.	Es fällt mir schwer, mich zu entspannen
14.	Menschen interessieren mich mehr als alles andere
15.	Ich habe gern das Sagen
16.	Ich finde mich gut
17.	Ich neige dazu, Dinge bis in alle Details zu analysieren
18.	Ich bin ein sehr geduldiger und einfühlsamer Zuhörer
19.	Ich mag mich
20.	Schnelligkeit ist ein kennzeichnender Zug meines Wesens

	A	B	G	K
			☐	
	☐			
				☐
		☐		
	☐			
		☐		
			☐	
		☐		
				☐
			☐	
	☐			
				☐
			☐	
		☐		
	☐			
				☐
			☐	
		☐		
				☐
	☐			
Teilsumme-1	☐ **a 1**	☐ **b 1**	☐ **g 1**	☐ **KAPPA**

21. Ich bin oft zu gutmütig
22. Ich bin lebhaft und impulsiv
23. Es fällt mir schwer, andere hart anzupacken
24. Ich bin kein unternehmungslustiger Mensch
25. Ich fahre leicht aus der Haut
26. Ich bin gegen extreme Standpunkte und versuche auszugleichen
27. Es fällt mir schwer, meine Gefühle zu zeigen
28. Ich mag keine langen Diskussionen
29. Ich wirke verschlossen
30. Ich verliere schnell die Geduld
31. Es fällt mir schwer, richtig ausgelassen zu sein
32. Ich habe ein starkes Harmoniebedürfnis und mag keine Konflikte
33. Was ich zu sagen habe, sage ich sofort und direkt
34. Ich bin nachtragend
35. Ich habe mich bemüht, ehrlich und spontan zu antworten

	A	B	G	
Teilsumme-2				
	a 2	b 2	g 2	
	+	+	+	
Teilsumme-1 (Übertrag)				
	a 1	b 1	g 1	
	=	=	=	
Gesamtsumme				
	alpha	beta	gamma	

Die Ermittlung Ihrer PSA-Werte

Die Ermittlung Ihrer persönlichen PSA-Werte erfolgt in 7 Schritten.

● **SCHRITT 1:**
Übertragen Sie die von Ihnen gewählten Item-Bewertungen in die entsprechenden Kästchen auf den jeweils gegenüberstehenden (rechten) Buchseiten (S. 29 und 31). Durch diese Zuordnung werden Ihre Item-Werte automatisch einer von vier Spalten - A, B, G oder K - zugeordnet.
Beispiel:

		A	B	G	K
1. Ordnung ist für mich sehr wichtig	**3**			**3**	
2. Im geselligen Kreis bin ich oft Mittelpunkt	**1**	**1**			

● **SCHRITT 2:**
Zählen Sie die 5 Item-Werte unter der Spalte A (auf Seite 29) zusammen, und tragen Sie diese Teilsumme-1 in das Kästchen **a1** ein.
Verfahren Sie auf gleiche Weise bei den Teilsummen **b1, g1** und bei **KAPPA**.

● **SCHRITT 3:**
Errechnen Sie nun die Teilsummen-2 (auf Seite 31) aus den restlichen Item-Bewertungen (5 bei A und G, 4 bei B), und tragen Sie diese Teilsummen-2 in die entsprechenden Kästchen **a2, b2** und **g2** ein.

● **SCHRITT 4 :**

Übertragen Sie nun von Seite 29 die Teilsummen-1 **a1, b1** sowie **g1** auf die Seite 31.
Zählen Sie die Teilsummen **a2** und **a1** zusammen, und tragen Sie die Gesamtsumme in das Kästchen **alpha** ein.
Verfahren Sie auf die gleiche Weise, um die Gesamtsummen für **beta** und **gamma** zu errechnen, und tragen Sie diese ebenfalls auf Seite 31 ein.

● **SCHRITT 5:**

Errechnen Sie nun wie folgt Ihre **vorläufigen PSA-Werte** aus Ihren insgesamt 6 Teilsummen sowie Ihren 3 Gesamtsummen (von Seite 31):

> **Verzehnfachen Sie die Teilsummen (a1, b1, g1, a2, b2, g2)!**
> **Verfünffachen Sie die Gesamtsummen (alpha, beta, gamma)!**

Tragen Sie dann alle 9 **vorläufigen PSA-Werte** in die folgende Ergebnis-Tabelle I ein.

Ergebnis-Tabelle I: Meine vorläufigen PSA-Werte

					vorläufige PSA-Werte
A 1 vorläufig	= a1	x	10	=	
A 2 vorläufig	= a2	x	10	=	
ALPHA vorläufig	= alpha	x	5	=	
B 1 vorläufig	= b1	x	10	=	
B 2 vorläufig	= b2	x	10	=	
BETA vorläufig	= beta	x	5	=	
G 1 vorläufig	= g1	x	10	=	
G2 vorläufig	= g2	x	10	=	
GAMMA vorläufig	= gamma	x	5	=	
Komponenten-Summe vorläufig (ALPHA vorl. + BETA vorl. + GAMMA vorl.)				=	

● SCHRITT 6:

Unterschreitet bzw. überschreitet Ihre vorläufige Komponenten-Summe (ALPHA+ BETA+ GAMMA) den Wert 300 um mehr als 15, so kann dies zwei Ursachen haben:

Ursache 1:
Ihre Komponenten-Summe liegt tatsächlich niedriger oder höher als beim Durchschnitt der bislang erfaßten Personen.

Folge:
Damit sind Ihre „vorläufigen" zugleich auch Ihre „endgültigen" PSA-Werte!

Dieser Sachverhalt trifft auf mehr als die Hälfte (55%) aller bislang erfaßten Personen zu.
Aus der nachstehenden Tabelle können Sie ersehen, ob bei Ihnen dieser Fall gegeben ist. Hierzu benötigen Sie Ihre Komponenten-Summe (S. 34) sowie Ihren KAPPA-Wert (Seite 29):

Meine Komponenten-Summe beträgt:

Mein KAPPA-Wert beträgt:

Komponenten-Summe	KAPPA-Wert
285 - 315	0 - 20
Über 315	0 - 11
Unter 285	16 - 20

Finden Sie die Konstellation Ihrer Komponenten-Summe und Ihres KAPPA-Wertes nicht in dieser Tabelle, so liegt bei Ihnen die Ursache 2 vor!

Ursache 2:
Sie tendieren dazu, die PSA-Items zu hoch bzw. zu niedrig zu bewerten.

Folge:
Eine Relativierung Ihrer PSA-Werte ist angezeigt!
Durch die Relativierung wird erreicht, daß die Komponenten-Summe den Wert 300 (+/- 1) hat.
Liegt bei Ihnen die Ursache 2 vor, können Sie Ihre Tendenz, zu hohe oder zu niedrige Bewertungen zu vergeben, durch eine Relativierung Ihrer PSA-Werte neutralisieren.

Erscheint Ihnen jedoch die folgende Berechnung zur Relativierung Ihrer vorläufigen PSA-Werte zu aufwendig oder auch nur zu lästig, so können Sie darauf verzichten. Die Aussagekraft Ihrer PSA wird hierdurch natürlich etwas eingeschränkt, weil eine mehr oder minder große Über- oder Unterschätzung Ihrer Item-Bewertungen nicht bereinigt wurde.

Wollen Sie die Verzerrung Ihrer PSA durch diese Tendenz beseitigen, so relativieren Sie Ihre vorläufigen PSA-Werte auf folgende Weise:
(Der Einfachheit halber soll in diesem Buch auf die exakte Relativierung verzichtet werden, da die folgende - leichter durchzuführende - Grobrelativierung eine ausreichende Annäherung an die mathematisch exakte Relativierung bietet).

Grobrelativierung der vorläufigen PSA-Werte

Komponenten-Summe	= ALPHA + BETA + GAMMA
Korrekturwert	= (300 - Komponenten-Summe) : 3
PSA-Wert (relativiert)	= (vorläufiger PSA-Wert + Korrekturwert)

Rechenbeispiel

A 1	= 100	B 1	= 150	G 1	= 70
A 2	= 120	B 2	= 180	G 2	= 80
ALPHA	= 110	BETA	= 165	GAMMA	= 75

Komponenten-Summe (ALPHA + BETA + GAMMA) = 350
Korrekturwert = (300 - 350) : 3 = -17

A 1 (rel.)	= 100 + (-17) =	83	
A 2 (rel.)	= 120 + (-17) =	103	
ALPHA (rel.)	= 110 + (-17) =		93
B 1 (rel.)	= 150 + (-17) =	133	
B 2 (rel.)	= 180 + (-17) =	163	
BETA (rel.)	= 165 + (-17) =		148
G 1 (rel.)	= 70 + (-17) =	53	
G 2 (rel.)	= 80 + (-17) =	63	
GAMMA (rel.)	= 75 + (-17) =		58

Komponenten-Summe (rel.) = 299

Beachten Sie bitte:
Ihre *endgültigen PSA-Werte* sind zugleich Ihre *vorläufigen PSA-Werte* (S. 34), wenn bei Ihnen die Ursache 1 vorliegt oder wenn Sie trotz des Vorliegens der Ursache 2 auf eine Relativierung Ihrer vorläufigen PSA-Werte verzichtet haben!
Ihre *endgültigen PSA-Werte* sind Ihre *relativierten PSA-Werte,* wenn bei Ihnen die Ursache 2 vorliegt!

Liegt bei Ihnen die Ursache 2 vor (Über- oder Unterschätzung Ihrer Item-Bewertungen), so ist es nötig, Ihre vorläufigen PSA-Werte (S. 34) entsprechend dem Rechenbeispiel grob zu relativieren, um Ihre **endgültigen PSA-Werte** zu erhalten.

Tragen Sie Ihre **endgültigen PSA-Werte** in die folgende Ergebnis-Tabelle II ein:

Ergebnis-Tabelle II: Meine endgültigen PSA-Werte

		endgültige PSA-Werte	
A 1 endgültig	= A 1 vorl. + Korrekturwert =		
A 2 endgültig	= A 2 vorl. + Korrekturwert =		
ALPHA endgültig	= ALPHA vorl. + Korrekturw. =		
B 1 endgültig	= B1 vorl. + Korrekturwert =		
B 2 endgültig	= B2 vorl. + Korrekturwert =		
BETA endgültig	=BETA vorl. + Korrekturw. =		
G 1 endgültig	= G 1 vorl. + Korrekturwert =		
G2 endgültig	= G2 vorl. + Korrekturwert =		
G A M M A endgültig	= GAMMA vorl. + Korrekturw. =		
Komponenten-Summe endgültig (ALPHA endg. + BETA endg. + GAMMA endg.) =			

● SCHRITT 7:

Die folgende, mehr bildhafte Darstellung Ihrer PSA-Werte geht in farblicher und grafischer Gestaltung über die "nackten" Zahlenwerte hinaus. Hierdurch soll den individuell verschiedenen Wahrnehmungs-Präferenzen Rechnung getragen werden.
Den drei Persönlichkeits-Komponenten ALPHA, BETA und GAMMA wurden die Farben Rot, Gelb und Blau zugeordnet.

Tragen und zeichnen Sie abschließend Ihre endgültigen PSA-Werte (ALPHA, A1, A2; BETA, B1, B2; GAMMA, G1, G2) - wie im folgenden DIAGRAMM - gezeigt auf Seite 160 mit Buntstiften ein. Dort finden Sie die Grafik:
MEIN PSA-DIAGRAMM - WIE ICH MICH SEHE.

Beispiel eines PSA-DIAGRAMMS mit folgenden PSA-Werten:

ALPHA =	110	A1 =	100	A2 =	120
BETA =	165	B1 =	180	B2 =	150
GAMMA =	75	G1 =	70	G2 =	80

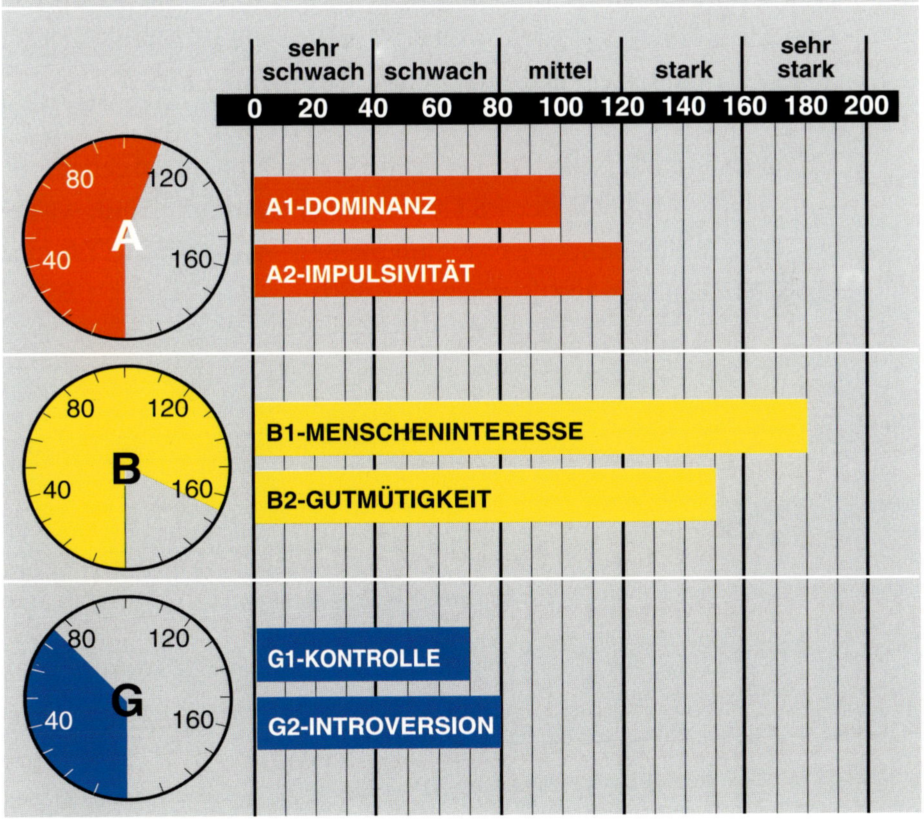

Sie haben es geschafft!

Sie haben Ihre wahrscheinlich erste PSA ermittelt.
Sie ist ein Schatz, dessen erstaunlichen Wert Sie nun nach und nach kennenlernen.
Dabei werden Sie immer besser verstehen, was dieses nur auf den ersten Blick recht simpel erscheinende Instrument von den oberflächlichen Persönlichkeits-"Tests" unterscheidet, wie man sie in populären Zeitschriften oft abgedruckt findet.
Und Sie werden erkennen, welche Vorzüge die PSA und der PST gegenüber anderen Persönlichkeits-Instrumenten haben.

Erfahren Sie nun, wie das Persönlichkeits-Modell aufgebaut ist, auf dem die PSA wie der PST beruhen, und anschließend, was es mit den 3 Persönlichkeits-Komponenten ALPHA, BETA und GAMMA auf sich hat.

Das Persönlichkeits-Modell der PSA

Haupt- und Unterfaktoren

Aus der Vielfalt menschlicher Verhaltenstendenzen sowie deren Ursachen (wie Bedürfnissen, Einstellungen, Interessen, Fähigkeiten, psychophysischen Reaktionsweisen u.a.) wird mit Hilfe der PSA (gleiches gilt für den PST) die Ausprägungsstärke von besonders wichtigen Eigenschaften (Dispositionen, Merkmalen) Ihrer Person bzw. Persönlichkeit ermittelt.
Aus den Ausprägungen der ausgewählten Eigenschaften kann mit hoher Wahrscheinlichkeit auf die Stärke von drei grundlegenden Eigenschaftsbündeln, den sogenannten **KOMPONENTEN** oder Dimensionen Ihrer Persönlichkeit, geschlossen bzw. "hochgerechnet" werden.
Genauer gesagt: Menschen tendieren in bestimmten (normalen) Situationen zu für sie typischen Verhaltensweisen. Mehrere zusammengehörende Merkmale dieser Art konstituieren eine Eigenschaft, die in der PSA (wie im PST) als **UNTERFAKTOR** bezeichnet wird.
Und jede der drei Persönlichkeits-Komponenten, in der PSA (wie im PST) **HAUPTFAKTOR** genannt, setzt sich aus einem Bündel von Eigenschaften bzw. UNTERFAKTOREN zusammen, die wiederum als zusammengehörend an Personen feststellbar sind.

Diese Zusammengehörigkeiten (statistische Korrelationen) bestimmter Verhaltenstendenzen bzw. bestimmter Eigenschaften wurden mit mathematisch-statistischen Methoden (sogenannten multivariaten Verfahren, insbesondere Cluster- und Faktoren-

Analysen) ermittelt und bilden die wissenschaftliche Konstruktionsbasis der PSA und des PST.

Mit den 35 Items der PSA wird die Stärke von 6 wichtigen UNTERFAKTOREN gemessen.

Der PST - mit derzeit 85 Items - ermöglicht aufgrund von 18 erfaßten UNTERFAKTOREN eine noch größere "Tiefenschärfe".

Das 3-Komponenten-Modell

Das hierarchische Persönlichkeits-Modell des PST und der PSA:

Persönlichkeits-Komponenten
(Persönlichkeits-Dimensionen oder Eigenschaftsbündel)
dargestellt durch die PSA- und PST -HAUPT-FAKTOREN

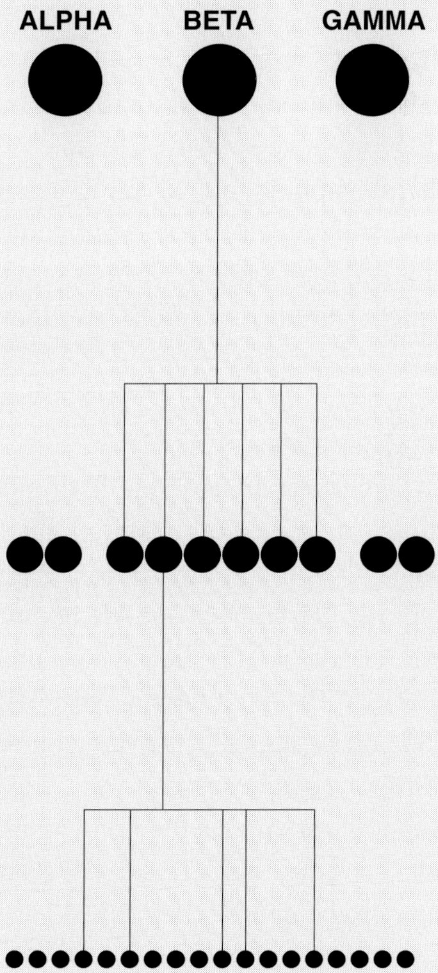

Persönlichkeits-Eigenschaften
(Persönlichkeits-Dispositionen oder -Merkmale)
dargestellt durch die PSA- und PST-UNTER-FAKTOREN

Individuelle Verhaltenstendenzen
(oder deren Ursache wie: Bedürfnisse, Einstellungen, Interessen, Fähigkeiten, psychophysische Reaktionstendenzen u. a.)
dargestellt durch die PSA- und PST-ITEMS

Es spricht einiges dafür, daß der ALPHA-, BETA- und GAMMA-Faktor, so die Bezeichnung der drei HAUPTFAKTOREN von PSA und PST, nicht nur drei grundlegende Komponenten der Persönlichkeits-Struktur einer Person darstellen (genauer gesagt: ihrer Temperaments-Struktur), sondern **die drei einzigen Komponenten!**

Nicht nur meine PST- und PSA-Untersuchungen sprechen dafür, sondern auch eine Reihe anderer Untersuchungen (Bambeck 1991, Sheldon/Stevens 1942, Breiter 1992). Insbesondere hat jedoch H.J. zusammen mit M.W. Eysenck eine Vielzahl überzeugender Untersuchungen sowie Argumente dafür vorgelegt, daß die Gesamtheit menschlicher Temperament-Eigenschaften in genau drei - **nicht mehr und nicht weniger!** - voneinander unabhängige Eigenschaftsbündel bzw. HAUPTFAKTOREN (statistisch "Faktoren höherer Ordnung" genannt) zusammengefaßt werden können (Eysenck/Eysenck 1987).

Im Gegensatz zu anderen Instrumenten, die ebenfalls die Ausprägung von 3 Persönlichkeits-Dimensionen ermitteln wollen (wie der EPQ von Eysenck oder die Persönlichkeits-Fragebögen von Schirm) oder solchen, die 4 Komponenten oder menschliche Grundzüge zu messen versuchen (wie das "Hirn-Dominanz-Instrument" oder das "Persönlichkeits-Profil DISG"), erfassen die PSA und der PST nicht nur die Stärke von Persönlichkeits-Komponenten. Darüber hinaus werden für jede Komponente bzw. für jeden Hauptfaktor eine Reihe von Unterfaktoren sowie weitere Zusatzfaktoren ermittelt (letztere jedoch nur bei einer Computer-Auswertung der beiden Verfahren).

Wichtig:
Jeder der HAUPTFAKTOREN und jeder der UNTERFAKTOREN ist in jedem Menschen vertreten! Was die Menschen voneinander unterscheidet, sind die unterschiedlichen Ausprägungsgrade ihrer Haupt- und mehr noch ihrer Unterfaktoren.

Anders ausgedrückt:
PSA und PST sind "3-Komponenten-Modelle" und keine "3-Typen-Modelle" zum Erfassen von Persönlichkeits-Strukturen!

Selbst wenn bei einem Menschen eine Komponente die beiden anderen deutlich überragt, und es naheliegt - sowie unter gewissen Umständen auch berechtigt ist - von einem ALPHA-, BETA- oder GAMMA-"TYP" zu sprechen, sollte man sich immer darüber im klaren sein, daß es in Wirklichkeit keine "reinen Typen" gibt.
Durch die vereinfachende Typeninterpretation Ihrer PSA wird ein mehr oder minder großer Teil Ihrer PSA-Informationen verschenkt!
Überdies können sich Menschen mit dem gleichen dominanten Hauptfaktor dennoch höchst unterschiedlich verhalten und sehr unterschiedlich wirken, und zwar in Abhängigkeit von der Ausprägung (Stärke oder Ladung) der Hauptfaktoren und vor allem deren Unterfaktoren.
Von einem ALPHA-, BETA- oder GAMMA-TYP sollte man allenfalls dann sprechen, wenn der Abstand zwischen dem stärksten Hauptfaktor und dem zweitstärksten mindestens 30 Punkte beträgt!

Selbstverständlich gilt für Ihre PSA wie für jedes Selbsteinschätzungs-Verfahren:

Aus der PSA (und dem PST) kommt nur heraus, was man hineinsteckt!

Beantwortet man die PSA-Items nicht ehrlich, so führt dies zwangsläufig zu einem verfälschten PSA-Ergebnis. Beantwortet man die Items jedoch wahrheitsgetreu, dann kommt aufgrund der hohen Zuverlässigkeit der Hochrechnung auf die Stärke der Unter- und Hauptfaktoren - selbst aufgrund relativ weniger Items - eigentlich eine Menge mehr heraus, als Sie scheinbar durch Ihre wenigen Antworten "hineingesteckt" haben!

Das Gesamtbild Ihrer PSA

Je nachdem, ob die Hauptfaktoren-Werte annähernd gleich sind oder sich deutlich unterscheiden, erhalten Sie erste, wichtige Hinweise:

- **Die drei Hauptfaktoren sind annähernd gleich:**
  Die gleichmäßige Ausprägung aller drei Hauptfaktoren spricht für eine hohe Anpassungsfähigkeit sowie Flexibilität in Ihren Verhaltensweisen.
  Eine tendenziell gleiche Faktorenstärke bedeutet aber auch, daß oft mehrere Seelen in Ihrer Brust miteinander kämpfen. Eine gleichmäßige Verteilung der Ladungen der Hauptfaktoren ist daher keinesfalls gleichzusetzen mit innerer Ausgeglichenheit. Das genaue Gegenteil ist meist der Fall, insbesondere wenn auch noch die Unterfaktoren ähnliche Stärken aufweisen.
  Andere Menschen haben dadurch Schwierigkeiten, Sie einzuschätzen, und erachten Sie zu Recht für schwer auszurechnen.
  Kluge Menschen werden Ihre Flexibilität und Anpassungsfähigkeit als großes Positivum schätzen; die anderen laufen Gefahr, Sie aus den gleichen Gründen negativ zu beurteilen, als wankelmütig oder gar als profillos.

- **Die drei Hauptfaktoren unterscheiden sich deutlich:**
  Je stärker einer der drei Hauptfaktoren die beiden anderen überragt, desto klarer ist Ihre Persönlichkeits-Struktur in dieser Richtung ausgeprägt und zugleich auch fixiert.
  Ihre Verhaltenstendenzen sind in diesem Fall einseitiger und vorhersehbarer. Ihr Verhaltensspielraum ist ohne willentliches "Über-den-eigenen-Schatten-Springen" eingeengter. Dafür fällt es anderen leichter, Sie schneller richtig einzuschätzen; denn Sie sind berechenbarer.
  Sie wirken deshalb in der Regel auch authentischer, offener und ehrlicher als Menschen mit gleichstarken Hauptfaktoren, selbst wenn diese genauso authentisch, offen und ehrlich sind.

Bevor Sie nun erfahren, was es eigentlich mit den 3 Persönlichkeits-Komponenten ALPHA, BETA und GAMMA auf sich hat, darf ich Sie bitten, den folgenden kurzen, aber wichtigen Exkurs mit Bedacht zu lesen.

Exkurs: Das Zimbardo-Experiment

Selbstverständlich gibt es auch Eigenschaften, die nicht mit einer der drei Komponenten korrelieren und über die eine PSA (oder ein PST) nichts oder nur wenig aussagt. Hierzu zählen insbesondere die Intelligenz, moralische Qualitäten, künstlerische Fähigkeiten und ob jemand erfolgreich, humorvoll, selbstgerecht oder brutal sein kann.

Derartige Eigenschaften haben viele Väter. So kann jemand Erfolg haben durch seine Begeisterungsfähigkeit, sein Charisma, durch seine sympathische Ausstrahlung, durch seine Kompetenz, seine Argumentationsfähig-keit, aber auch durch enorme Geduld und Ausdauer, durch intrigantes Verhalten, durch Erpressung und anderes mehr.
Überdies können Situationsbedingungen stark dazu beitragen, wie sich eine Person verhält, vor allem, wenn es sich um Extremsituationen handelt.

Hierzu möchte ich Ihnen das berühmt-berüchtigte Experiment von P. Zimbardo und seinen Mitarbeitern an der Stanford Universität schildern (Haney / Banks / Zimbardo 1973), weil es uns alle sehr nachdenklich stimmen sollte - vor allem jene, die sich auch aufgrund ihrer PSA-Werte für stets anständige, sich in der Gewalt habende und äußerst friedfertige Zeitgenossen halten.
Die meisten von uns halten sich dafür!
Zimbardo wollte herausfinden, ob ganz normale Durchschnittsbürger sich auch in einer außergewöhnlichen Situation (als "Häftling" oder "Wärter" in einem "Gefängnis") gemäß ihren persönlichen Charaktereigenschaften oder gemäß der situativen Bedingungen verhalten. Aus Durchschnittsstudenten, die sich freiwillig für Zimbardos Experiment meldeten, wurden jene ausgewählt, *"denen man die größte (körperliche und geistige) Stabilität, die größte persönliche Reife und die geringste*

Neigung zu antisozialem Verhalten zugeschrieben hatte" (Eysenck / Eysenck 1983, S. 47).
10 Studenten wurden für die Häftlingsrolle in dem "Gefängnis-Experiment" ausgelost und 11 für die Wärterrolle.
"Die Vorgänge in dieser Scheinanstalt waren so unerfreulich und potentiell gefährlich, daß das ganze Experiment bereits nach sechs und nicht erst - wie geplant - nach 14 Tagen abgebrochen werden mußte. Gewalt und Rebellion brachen innerhalb von zwei Tagen nach Beginn des Experiments aus. Die Häftlinge rissen sich die Gefangenennummern ab und danach die Kleider vom Leib, sie brüllten und beschimpften die Wärter und verbarrikadierten sich in ihren Zellen. Die Wärter schlugen den Aufstand nieder, ... spielten die Insassen gegeneinander aus und schikanierten sie systematisch. Einer der Häftlinge zeigte schon nach einem Tag so schwere Symptome einer emotionalen Störung (unzusammenhängendes Denken, unkontrolliertes Weinen und Schreien), daß er entlassen werden mußte.
... Am vierten Tag zeigten zwei weitere Häftlinge Symptome einer schweren emotionalen Gestörtheit und wurden entlassen; ein dritter bekam einen psychosomatisch bedingten Ausschlag am ganzen Körper und mußte ebenfalls entlassen werden.
Mit der Zeit schienen die Wärter aus der Ausübung ihrer Macht und aus ihrem sadistischen Verhalten große Befriedigung zu ziehen. Eine besonders interessante Beobachtung war, daß die Anwendung von Gewalt, Schikanen und Aggressionen seitens der Wärter von Tag zu Tag stetig zunahm, trotz der Tatsache, daß der Widerstand der Häftlinge abnahm und schließlich ganz aufhörte.
... Vor dem Experiment schrieb einer der Wärter in sein Tagebuch, daß er Pazifist und so unaggressiv sei, daß er sich nicht vorstellen könne, ein anderes Lebewesen zu mißhandeln. Am dritten Tag schien er die Macht, Menschen zu manipulieren, weidlich zu genießen... Was ihm am besten

gefiel, so sagte er, war die fast totale Kontrolle über alles, was gesprochen und getan wurde.

...

Trotz des vorzeitigen Abbruchs zeigte Zimbardos Experiment, daß es auch dann zu brutalen Ausschreitungen im Gefängnis kommen kann, wenn unbescholtene Bürger die Rollen von Häftlingen und Wärtern spielen. Die menschliche Verrohung, der man im Experiment von Stanford begegnete, war wohl kaum der 'abweichenden Persönlichkeit' der Beteiligten zuzuschreiben; die natürlichste Erklärung war, daß in erster Linie das Gefängnismilieu für das Verhalten der Teilnehmer verantwortlich ist. Zimbardo sagte selbst, daß seine Untersuchung offenbarte, 'wie die Macht der gesellschaftlich institutionalisierten Gewalt anständige Menschen veranlaßt, Böses zu tun'." (aus Eysenck, Eysenck, 1983, S.47 f.)

Bitte behalten Sie "im Hinterkopf":
Die folgende Beschreibung der 3 grundlegenden Persönlichkeits-Komponenten und ihrer Besonderheiten beziehen sich auf menschliche Verhaltensweisen und Eigenschaften in Normalsituationen und nicht auf Verhaltensweisen in Ausnahmefällen oder Extremsituationen.

Nun endlich kann ich Ihnen die ALPHA-, BETA- und GAMMA-Komponente beschreiben, von denen jede mit einer großen Anzahl von Eigenschaften mehr oder weniger stark korreliert. Erst aus dem komplexen Zusammenspiel dieser Eigenschaften wird die unverwechselbare Persönlichkeit jedes einzelnen Menschen erkennbar und begreifbar.
Die Eigenschaften, beispielsweise der ALPHA-Komponente, zeigen zwar eine mehr oder minder starke Zusammengehörigkeit, sie kommen jedoch keinesfalls ausschließlich oder gar immer bei einem Menschen mit hoher ALPHA-Komponente in starker Ausprägung vor. Gleiches gilt für die beiden anderen Komponenten.
Die folgende Beschreibung der drei Komponenten oder Hauptfaktoren soll in erster Linie dazu dienen, Ihnen ein Grundraster und auch ein Grundgefühl dafür zu vermitteln, welche Verhaltensweisen und Eigenschaften am häufigsten mit welcher Komponente verbunden sind, insbesondere wenn diese stark dominiert und stark ausgeprägt ist.
Später wird dargestellt, was die PSA darüber hinaus zu leisten vermag: Welche wichtigen Eigenschaften die PSA und der PST messen, anhand derer mit einer relativ hohen Sicherheit auf die Ausprägungen der 3 Persönlichkeits-Komponenten und mit einer gewissen Wahrscheinlichkeit auch auf die mit den Komponenten korrelierenden, nicht gemessenen Eigenschaften geschlossen werden kann.

Die nachstehenden Ausführungen bilden meines Erachtens die derzeit praktikabelste Grundlage für eine gesicherte sowie fundierte Menschenkenntnis.

Die Bedeutung der Haupt- und Unterfaktoren

Die Bedeutung der Faktoren-Werte

PSA-Werte von	0 - 40	bedeuten: **sehr schwache Ausprägung**
PSA-Werte von	41 - 80	bedeuten: **schwache Ausprägung**
PSA-Werte von	81 - 120	bedeuten: **mittlere Ausprägung**
PSA-Werte von	121 - 160	bedeuten: **starke Ausprägung**
PSA-Werte von	161 - 200	bedeuten: **sehr starke Ausprägung**

Die Reihenfolge der folgenden Beschreibung der 3 Persönlichkeits-Komponenten stellt keine - wie auch immer geartete - Rangfolge dar!

Die ALPHA-Komponente (rot)

Menschen mit einer starken Ausprägung dieser Komponente haben die Tendenz zu folgenden Eigenschaften:

- **Ausstrahlung von Energie, Kraft und Schnelligkeit, aber auch von Sachorientierung und Härte:**
  - Sehr aktiv
  - Schnell bis voreilig
  - Selbstsicher, durchsetzungsstark bis dominant
  - Initiativkraft
  - Zielerreichung oft wichtiger als die Berücksichtigung von Wünschen und Gefühlen anderer
  - Konsequent bis kompromißlos und stur
  - Offen und direkt
  - Undiplomatisch
  - Risikofreudig
  - Entscheidungsfreudig
  - Ungeduldig
  - Impulsiv
  - Laut
  - Geringe Detailgenauigkeit, insbesondere bei Desinteresse

- **Wettbewerbsorientierung:**
  - Ehrgeizig
  - Rivalisiert und konkurriert gerne
  - Macht, Status und Erfolg sind oft wichtige Werte

- **Sonstiges:**
  - Positive Lebenseinstellung und Selbstsicht
  - Starker Bewegungsdrang
  - Breite Interessierbarkeit
  - Nicht nachtragend
  - Wenig Selbstreflexion
  - Wenig Kontakt mit dem Unterbewußtsein

Selbst Menschen mit einer stark dominierenden, hohen ALPHA-Komponente zeigen obige Eigenschaften häufig erst dann, wenn sie sich herausgefordert fühlen und wenn sie sich für etwas engagieren. Ansonsten verhalten sie sich gemäß der Ausprägungen ihrer beiden anderen Komponenten.

Die BETA-Komponente (gelb)

Menschen mit einer starken Ausprägung dieser Komponenten haben die Tendenz zu folgenden Eigenschaften:

- **Ausstrahlung von Menschenorientierung und - freundlichkeit, aber auch von Ausnutzbarkeit und sozialer Abhängigkeit:**
  - Sehr gesellig, kontaktfreudig und kontaktfähig
  - Gutmütig, nachgiebig bis ausnutzbar
  - Warmherzig bis zu weich
  - Harmoniebedürfnis und Konfliktscheu
  - Sehr höflich, angepaßt bis überangepaßt
  - Kann schwer Härte zeigen
  - Braucht viel Zuwendung, insbesondere bei Sorgen
  - Vermittlungsbedürfnis und -fähigkeit
  - Kann gut zuhören (insbesondere bei Problemen)
  - Wirkt sympathisch und ist allgemein beliebt
  - Verhält sich nicht bedrohlich (könnte es auch kaum)

- **Gefühlsorientierung:**
  - Handelt und entscheidet stark nach Gefühl
  - Kann Gefühle zeigen
  - Kann sich gut in andere einfühlen

- **Sonstiges:**
  - Positive Lebenseinstellung und Selbstzufriedenheit
  - Empfänglich für alles Schöne
  - Legt großen Wert auf Dinge, die das Leben bequem, angenehm und komfortabel machen
  - Genießt gutes Essen in angenehmer Gesellschaft
  - Gemütlich, ruhig und entspannt
  - Berechenbar und unkompliziert
  - Langsam aber stetig
  - Innerlich in der Regel stabil und ausgeglichen
  - Familien- und Gewohnheitsmensch

Menschen mit stark dominierender und hoher BETA-Komponente stehen eher selten im Vordergrund und legen großen Wert darauf, mit anderen sehr gut zurechtzukommen, auch wenn sie dadurch des öfteren den kürzeren ziehen.

Die GAMMA- Komponente (blau)

Menschen mit einer starken Ausprägung dieser Komponente haben die Tendenz zu folgenden Eigenschaften:

- **Ausstrahlung von Sachkompetenz, Exaktheit und Zuverlässigkeit, aber auch von Pedanterie und Formalismus:**
  - Präzise und faktenorientierte Argumentation
  - Bevorzugt das rationale und abstrakte Denken
  - Genau, sorgfältig, gewissenhaft und zuverlässig
  - Plant bis ins Detail
  - Neigt zum Perfektionismus bis zur Pedanterie
  - Ordnungsliebend und pünktlich
  - Vorsichtig bis ängstlich
  - Kritisch

- **Empfindsamkeit und Empfindlichkeit:**
  - Erhöhte Wachsamkeit und Aufmerksamkeit
  - Erhöhte Sensibilität gegenüber sozialem Streß, Lärm, Schmerz usw.
  - Kritikempfindlich
  - Niedrige Streßtoleranz und erhöhte psychosomatische Gefährdung
  - Hoher innerlicher Energieverbrauch und innerlich schnell erregt

- Kann sich schlecht entspannen und fühlt sich schnell "gestreßt"
- Äußerlich meist kontrolliert
- Selbstkritisch bis zu Selbstzweifeln

● **Introversion und soziale Distanz:**
- Arbeitet am liebsten allein
- Kann Gefühle schlecht zeigen
- Beobachtet sich ständig selbst und macht sich viele Sorgen
- Zieht sich bei Ängsten, Sorgen und Problemen in sich zurück
- Verschlossen und ernst bis gehemmt
- Ungesellig, aber sehr anhänglich bis abhängig
- Wirkt interessant, kompliziert und geheimnisvoll

Menschen mit deutlich dominierender und hoher GAMMA-Komponente haben meist wenige Freunde, an denen hängen sie jedoch mit besonders tiefer Verbundenheit.

Die ALPHA-Unterfaktoren

Der ALPHA-Wert, der die Ausprägung Ihrer ALPHA-Komponente anzeigt, basiert auf folgenden sechs Unterfaktoren:

1) DOMINANZ
2) IMPULSIVITÄT

3) DURCHSETZUNG
4) INITIATIVE
5) RISIKOFREUDE
6) SCHNELLIGKEIT

Die PSA mißt die Stärke bzw. "Tiefenschärfe" der ALPHA-Unterfaktoren **DOMINANZ** und **IMPULSIVITÄT.** Ihr ALPHA-Wert oder ALPHA-Faktor wird in der PSA aus diesen beiden Unterfaktoren errechnet (im PST aus 6 Unterfaktoren).

Ihre Werte für DOMINANZ und IMPULSIVITÄT sind der endgültige A1- und A2-Wert (s. Ergebnis-Tabelle II, S. 39).

Die Beschreibungen der Unterfaktoren DOMINANZ (A1) und IMPULSIVITÄT (A2) treffen um so stärker auf Sie zu, je mehr Ihr entsprechender A1- und A2-Wert 120 übersteigt und je größer die Abstände zu den beiden anderen Hauptfaktoren und deren Unterfaktoren sind!

1) DOMINANZ

Die Kontakte mit Menschen sind bei hohem Unterfaktor DOMINANZ meist vielfältig, häufig intensiv und nicht selten auch mehr oder weniger eigennützig.
Sie verhalten sich eher extravertiert, ungezwungen und gesprächig, wobei Sie immer wieder mal ins Fettnäpfchen treten, was Ihnen jedoch nicht viel ausmacht.
Die Stärke Ihrer DOMINANZ ist insbesondere ein Indikator für die Vehemenz und Kompromißlosigkeit, mit der Sie sich für eine Sache engagieren und einsetzen können. Menschen mit deutlich dominierendem GAMMA-Wert empfinden Ihren Einsatz häufig als egoistisch und zu massiv, nehmen ihn persönlich und erkennen nicht, daß es Ihnen im Grund meist nur um die Sache geht, die Ihnen am Herzen liegt.
Sie geben offen zu, daß Sie Macht haben möchten; aber nicht - wie Schwächere glauben -, damit Sie andere unterdrücken können, sondern um Dinge zu bewegen.
Ein starker Unterfaktor DOMINANZ signalisiert aber auch die Tendenz, zumindest die Gefahr, andere zu übergehen, sie vor den Kopf zu stoßen oder gar zu überrollen.

2) IMPULSIVITÄT

Bei hoher IMPULSIVITÄT stehen nicht Bedächtigkeit und vorsichtiges Abwägen im Vordergrund, sondern

emotionales Reagieren, Spontaneität und Ungeduld - was bis zur Hektik führen kann.
Sie sagen direkt und offen Ihre Meinung und verhehlen Ihre Gefühle nicht, auch wenn es dabei zu Auseinandersetzungen und Streit kommen kann.
Der Vorteil dieser Verhaltensweise ist, daß andere Menschen das Gefühl haben, Sie schnell einschätzen zu können und zu wissen, woran sie mit Ihnen sind.
Die Kehrseite der Medaille ist unüberlegtes, voreiliges und unvorsichtiges Handeln, schnelles Aus-der-Haut-fahren, Ungeduld und undiplomatisches Verhalten, nicht selten gepaart mit einer spitzen Zunge.
Eine gewisse Milderung erfahren diese Verhaltensweisen allerdings dadurch, daß ähnliches Verhalten seitens anderer von Ihnen meistens nicht übelgenommen wird.

Die Beschreibungen der weiteren ALPHA-Unterfaktoren treffen um so stärker zu, je mehr Ihr ALPHA-Wert 120 übersteigt und je größer die Abstände zu den beiden anderen Hauptfaktoren sowie deren Unterfaktoren sind! Scheren jedoch einzelne Unterfaktoren aus dem Verbund der übrigen ALPHA-Unterfaktoren aus - was häufig der Fall ist -, so ist dies nur durch den PST feststellbar!

3) DURCHSETZUNG
Ein hoher ALPHA-Wert spricht in der Regel sowohl für ein entsprechendes Durchsetzungsvermögen als auch für das korrespondierende Bedürfnis, sich durchzusetzen.
Eine hoher Wert im Unterfaktor DURCHSETZUNG ist jedoch nicht gleichbedeutend mit starkem Dominanzverhalten.
Die Fähigkeit sich durchzusetzen, ist kennzeichnend für viele Führungskräfte. Ein starker ALPHA-Faktor bietet somit auch wichtige Voraussetzungen für Führungsansprüche, für die Fähigkeit zu führen und eine Ausstrahlung natürlicher Autorität, an der sich andere orientieren, die als Vorbild betrachtet wird und die anderen Menschen Sicherheit vermittelt.
In das nähere Umfeld dieses Unterfaktors gehören vor allem ein gesundes Selbstbewußtsein, Entschlußfreudigkeit und die Tatsache, daß Sie notwendige Konflikte nicht scheuen und Auseinandersetzungen nicht aus dem Wege gehen.

4) INITIATIVE
Je stärker der ALPHA-Faktor, desto größer ist meist Ihre Lust und auch Ihre Fähigkeit, die INITIATIVE zu ergreifen, Dinge anzupacken und in Bewegung zu setzen.
Ebenso läßt ein hoher ALPHA-Wert starke Aktivität und Dynamik sowie ein dominantes Interesse am Machbaren,

Praktischen und Naheliegenden erwarten. Zurückhaltung, Abwarten, ausdauernde Detailanalyse und längeres Bedenken einer Angelegenheit sind nicht Ihre natürlichen Reaktionen, wenn der ALPHA-Wert die beiden anderen Hauptfaktoren deutlich übertrifft.
In diesem Fall sehen Sie sich in erster Linie als Vorreiter, Macher, Entscheider, Pragmatiker und selbstverständlich auch als Realist.

5) RISIKOFREUDE
Mit der Höhe des ALPHA-Faktors - insbesondere wenn der GAMMA-Faktor deutlich niedriger liegt - steigen häufig auch die RISIKOFREUDE und Risikobereitschaft.
In diesem Fall handeln Sie nach dem Motto: "Wer nicht wagt, der nicht gewinnt". Und selbstverständlich sind Sie ein Optimist, nicht selten sogar ein unverbesserlicher.
Zusätzlich wächst mit steigendem ALPHA-Wert und niedrigem GAMMA-Wert meist auch die Bereitschaft, riskanten Auseinandersetzungen, bei denen man einiges gewinnen, aber ebensoviel oder mehr verlieren kann, nicht aus dem Wege zu gehen.
Die Risikofreude zählt zu jenen Eigenschaften, die sich willentlich verhältnismäßig leicht zügeln lassen.
Risikofreudige Menschen können daher in ihrer beruflichen Arbeit, wenn es erforderlich ist, ohne allzu große innere Anstrengung ihre Risikobereitschaft reduzieren.

6) SCHNELLIGKEIT

Ist die Ladung des ALPHA-Faktors hoch, spricht dies meist für eine hohe SCHNELLIGKEIT im Wahrnehmen, Denken, Fühlen und Handeln.

Es sind insbesondere die großen Linien, die Sie interessieren. Dies bewahrt Sie davor, das Wesentliche aus den Augen zu verlieren und sich in Details zu verlieren.

Andererseits führen hohe Schnelligkeit und Impulsivität in vielen Fällen zu einer Minderung der Sorgfalt, Genauigkeit, Gewissenhaftigkeit und Zuverlässigkeit. Dies gilt vor allem für jene Situationen, in denen aus Ihrer Sicht diese Eigenschaften nicht unbedingt notwendig sind. Dies ist häufig dann der Fall, wenn Ihr GAMMA-Wert deutlich unter Ihrem ALPHA-Wert liegt.

Das bedeutet in der Regel aber auch, daß Sie in fast jeder Beziehung sehr großzügig sowie nicht nachtragend sind und Unannehmlichkeiten schnell vergeben und vergessen können.

Die BETA-Unterfaktoren

Der BETA-Wert, der die Ausprägung Ihrer BETA-Komponente anzeigt, basiert auf folgenden sechs Unterfaktoren:

1) **MENSCHENINTERESSE**
2) **GUTMÜTIGKEIT**

3) VERMITTELN
4) GEFÜHLSORIENTIERUNG
5) EINFÜHLEN
6) INNERE STABILITÄT

Die PSA mißt die Stärke bzw. "Tiefenschärfe" der BETA-Unterfaktoren **MENSCHENINTERESSE** und **GUTMÜTIGKEIT.**
Ihr BETA-Wert oder BETA-Faktor wird in der PSA aus diesen beiden Unterfaktoren errechnet (im PST aus 6 Unterfaktoren).

Ihre Werte für MENSCHENINTERESSE und GUTMÜTIGKEIT sind der endgültige B1- und der B2-Wert (s. Ergebnis-Tabelle II, S.39).

Die Beschreibungen der Unterfaktoren MENSCHEN-INTERESSE (B1) und GUTMÜTIGKEIT (B2) treffen um so stärker auf Sie zu, je mehr Ihr entsprechender B1- und B2-Wert 120 übersteigt und je größer die Abstände zu den beiden anderen Hauptfaktoren und deren Unterfaktoren sind!

1) MENSCHENINTERESSE

Die Stärke dieses Unterfaktors zeigt an, wie hoch Ihr MENSCHENINTERESSE ist und welchen Stellenwert zwischenmenschliche Beziehungen für Sie haben, aber auch wie wichtig für Sie die Zuwendung anderer ist.
Alles, was mit Menschen zu tun hat, bleibt deshalb sehr deutlich in Ihrem Bewußtsein und in Ihrem Gedächtnis haften.
Eine der schlimmsten Vorstellungen wäre für Sie, von menschlichem Kontakt, von Zuwendung und Wärme isoliert zu sein und allein gelassen zu werden.
Sie besitzen ein ausgesprochenes Talent, gut mit Menschen umzugehen und mit anderen in Kontakt zu kommen.
Bei hohem Menscheninteresse besteht allerdings die Tendenz, in Ihren Kontakten eher wahllos zu erscheinen oder auch zu sein.
Hinzu kommt, daß andere Ihnen die Kontaktherstellung selten schwer machen, nicht einmal Menschen mit hohen Werten in den GAMMA-Unterfaktoren "Introversion" und "Soziale Distanz".

Grund hierfür ist Ihre Art: Sie wirken so gut wie nie bedrohlich und durch Ihre generelle Freundlichkeit, Warmherzigkeit sowie Wertschätzung gegenüber anderen kann man kaum anders, als Sie zu mögen und sympathisch zu finden.

2) GUTMÜTIGKEIT

Starkes Interesse an seinen Mitmenschen ist häufig auch ein Indikator für große GUTMÜTIGKEIT.
Diese zweifellos positive Eigenschaft zeitigt jedoch unter bestimmten Umständen negative Auswirkungen.
Ist Gutmütigkeit mit dem Ausweichen vor Konflikten und starkem Harmoniebedürfnis gekoppelt - was häufig vorkommt -, so ist sie oft mit der Hypothek belastet, daß man zu nachgiebig reagiert und sich ausnutzen läßt.
Große Gutmütigkeit spricht dafür - insbesondere bei schwachen Unterfaktoren "Dominanz" und "Durchsetzung" - daß man Schwierigkeiten hat, andere hart anzupacken, selbst wenn es notwendig wäre.
Sie werden bei stark ausgeprägter Gutmütigkeit möglicherweise nicht nur als zu weich angesehen, sondern haben bei gleichzeitig niedrigem ALPHA-Wert auch große Probleme, sich jenen gegenüber durchzusetzen, die durch Ihr angenehmes Wesen nicht zu gewinnen sind.
Und Sie laufen Gefahr, von gewieften oder gar skrupello-

sen Verhandlungspartnern - ohne es zu merken - "über den Tisch gezogen" zu werden.

Die Beschreibungen der weiteren BETA-Unterfaktoren treffen um so stärker zu, je mehr Ihr BETA-Wert 120 übersteigt und je größer die Abstände zu den beiden anderen Hauptfaktoren sowie deren Unterfaktoren sind! Scheren jedoch einzelne Unterfaktoren aus dem Verbund der übrigen BETA-Unterfaktoren aus - was häufig der Fall ist -, so ist dies nur durch den PST feststellbar!

3) VERMITTELN

Kennzeichnend für einen starken BETA-Faktor ist zumeist ein hohes Bedürfnis, zwischen kontroversen Standpunkten zu VERMITTELN sowie notwendige Kritik, falls sie nicht zu vermeiden ist, möglichst sanft und konstruktiv zu üben.

Dieses starke Bedürfnis nach Ausgleich, Harmonie und Konfliktvermeidung ist oft gepaart mit der Fähigkeit, Konflikte zu schlichten.

Aus diesem Grund versucht man, Sie bei Konflikten häufig als Vermittler zu gewinnen.

Hierbei kommt Ihnen zugute, daß Sie zu Menschen - auch zu Fremden - in der Regel leicht Kontakt finden, daß Sie ausgesprochen sympathisch wirken und daß Menschen von sich aus gern auf Sie zukommen.

Die Zahl der offenen Konflikte und Spannungen, die zwischen Ihnen und anderen entstehen, ist meist umso geringer, je stärker Ihr BETA-Faktor ausgeprägt ist und umso mehr er die beiden anderen Hauptfaktoren überragt.

4) GEFÜHLSORIENTIERUNG

Der Ausprägungsgrad des BETA-Faktors ist ein Indikator für Ihre GEFÜHLSORIENTIERUNG und damit für die Bedeutung, die Gefühle in Ihrem Leben haben.
Dies führt im Falle eines deutlich niedrigeren GAMMA-Faktors oft so weit, daß Sie bei Entscheidungen nicht nur Ihr Gefühl mitberücksichtigen, sondern lieber Ihrem Gefühl als Ihrem Verstand folgen.
Unter diesen Voraussetzungen sind Sie auch davon überzeugt - und dies meist zu Recht - daß Sie sich auf Ihr Gefühl, auf Hinweise bzw. Signale aus Ihrem Unterbewußtsein verlassen können.
Bei hohem BETA-Faktor - und deutlich niedrigerem GAMMA-Wert bzw. ALPHA-Wert - sehen Sie sich deshalb auch eher als "Gefühlsmensch" denn als "Verstandes-" oder "Willensmensch".

5) EINFÜHLEN

Im engen Zusammenhang mit Ihrem Mencheninteresse und Ihrer Gefühlsorientierung steht meist Ihre Fähigkeit, sich in andere einzufühlen und mit anderen mitzufühlen.

Somit ist das Ausmaß Ihres BETA-Faktors in der Regel auch ein guter Hinweis für Ihr Gespür im Umgang mit anderen; eben für jene Fähigkeit, die man als EINFÜHLEN oder Einfühlungsvermögen bezeichnet.
Bei hohem BETA-Wert vertrauen Sie eher auf Ihre gefühlsmäßige Einschätzung von Menschen und Situationen als auf eine nur rationale Analyse.
Menschen mit starker Ausprägung des BETA-Faktors werden deshalb in der Regel als einfühlsame und geduldige Zuhörer geschätzt, denen man gerne sein Herz öffnet und deren Rat man sucht.

6) INNERE STABILITÄT
Mit einem hoch geladenen BETA-Faktor ist häufig auch ein Zustand von innerer Stabilität, Ausgeglichenheit und Zufriedenheit mit sich sowie seinen Lebensumständen gekoppelt, aber meist nur dann, wenn der GAMMA-Faktor - speziell der Unterfaktor "Sensibilität" - niedrig ausgeprägt ist.
Der Unterfaktor INNERE STABILITÄT korreliert zwar eindeutig positiv mit den übrigen BETA-Unterfaktoren, aber etwas niedriger als die meisten übrigen, da seine Ausprägung nicht nur von Ihrer Persönlichkeits-Struktur abhängt, sondern auch von Ihren momentanen privaten wie beruflichen Lebensumständen.

Die GAMMA-Unterfaktoren

Ihr GAMMA-Wert, der die Ausprägung Ihrer GAMMA-Komponente anzeigt, basiert auf folgenden sechs Unterfaktoren:

1) INTROVERSION
2) KONTROLLE

3) ABSICHERUNG
4) SOZIALE DISTANZ
5) SENSIBILITÄT
6) PSYCHOSOMATIK

Die PSA mißt die Stärke bzw. "Tiefenschärfe" der GAMMA-Unterfaktoren **INTROVERSION** und **KONTROLLE.**
Ihr GAMMA-Wert oder GAMMA-Faktor wird in der PSA aus diesen beiden Unterfaktoren errechnet (im PST aus 6 Unterfaktoren).

Ihre Werte für INTROVERSION und KONTROLLE sind der endgültige G1- und G2-Wert (s. Ergebnis-Tabelle II, S. 39).

Die Beschreibungen der Unterfaktoren INTROVERSION (G1) und KONTROLLE (G2) treffen um so stärker auf Sie zu, je mehr Ihr entsprechender G1- und G2-Wert 120 übersteigt und je größer die Abstände zu den beiden anderen Hauptfaktoren und Unterfaktoren sind!

1) INTROVERSION

Introvertierte Menschen sind nach innen gewandt und haben Schwierigkeiten, ihre Gefühle zu zeigen, und zwar unabhängig davon, ob es sich um positive oder um negative Emotionen handelt.

Bei starker INTROVERSION und niedrigem ALPHA-Wert verhalten Sie sich meist sehr zurückhaltend.

Sie wirken deshalb - zumindest anfangs - ziemlich verschlossen, schwer durchschaubar, ernst und nicht leicht zugänglich, aber auch sehr interessant, kompliziert und nicht selten geheimnisvoll.

Da Menschen, die Sie nicht näher kennen, keine Ahnung haben können, wie stark Sie alles bei hoher Introversion innerlich bewegt, halten diese Sie fast immer für innerlich erheblich ruhiger und ausgeglichener, als Sie in Wirklichkeit sind.

Starke Introversion hat oft im Gefolge, daß Sie ziemlich ungesellig, wenig unternehmungslustig und selten richtig ausgelassen sind, dafür aber gut allein sein können.

2) KONTROLLE

Der Unterfaktor KONTROLLE zeigt zweierlei an: Wie stark Sie sich selbst kontrollieren bzw. wie kontrolliert Sie sind (Eigenkontrolle) und mehr noch, wie stark Sie andere kontrollieren (Fremdkontrolle).

Je stärker Ihr Unterfaktor Kontrolle ausgeprägt ist, desto schwerer fällt es Ihnen, Aufgaben, Entscheidungen und Verantwortung ohne ständiges Nachfragen und Überprüfen zu delegieren. Dies birgt allerdings die Gefahr, daß Sie am Ende alles selber tun und andere sich von Ihnen überwacht und bevormundet fühlen.

Neben großer Gewissenhaftigkeit, Sorgfalt, Pünktlichkeit und Zuverlässigkeit ist auch eine ausgeprägte Ordnungsliebe sowie eine beeindruckende und präzise Ausdrucksweise häufig das Resultat ausgeprägter Bedürfnisse nach Kontrolle und Absicherung.

Die Beschreibungen der weiteren GAMMA-Unterfaktoren treffen häufig um so stärker zu, je mehr Ihr GAMMA-Wert 120 übersteigt und je größer die Abstände zu den beiden anderen Hauptfaktoren und deren Unterfaktoren sind! Scheren jedoch einzelne Unterfaktoren deutlich aus dem Verbund der übrigen GAMMA-Unterfaktoren aus - was häufig der Fall ist -, so ist dies nur durch den PST feststellbar.

3) ABSICHERUNG

Es besteht ein enger Zusammenhang zwischen Ihrem Bedürfnis nach Kontrolle und Ihrem Bedürfnis nach ABSICHERUNG.

Ein hoher GAMMA-Faktor signalisiert deshalb auch häufig eine starke Neigung, kaum etwas ohne Bedacht, genaue Vorbereitung oder Planung zu unternehmen.

Dieses gedankliche Durchspielen möglicher Auswirkungen einer Entscheidung macht es Ihnen oft schwer, Entscheidungen zu fällen.

Spontaneität sowie schnelle Entschlüsse zeigen Sie aus diesem Grund nur selten. Und fordert man diese Eigenschaften von Ihnen, bedeutet dies erheblichen Streß für Sie, außer Sie besitzen einen hohen ALPHA-Faktor.

Ein starkes Bedürfnis nach Absicherung ist häufig die Folge einer erhöhten Angst - sei Sie Ihnen bewußt oder nicht - Fehler zu machen und Fehlentscheidungen zu treffen.

Das Bedürfnis nach Absicherung ist seinerseits oft (unbewußte) Ursache für große Sorgfalt und Gewissenhaftigkeit, große Zuverlässigkeit und Genauigkeit bis hin zu Übergenauigkeit, Pedanterie und Perfektionismus.

4) SOZIALE DISTANZ

Ein hoher GAMMA-Wert ist oft ein Indikator für die SOZIALE DISTANZ, für den Abstand, den Sie zwischen

sich und anderen benötigen, um sich wohl zu fühlen, sowie für Ihre Probleme bei der Kontaktherstellung (insbesondere bei hoher "Introversion").
Unter diesen Gegebenheiten fühlen Sie sich Fremden gegenüber nicht selten befangen oder gar gehemmt und unsicher. Dies ist meist der Grund für Ihr meist ziemlich reserviertes und distanziertes Verhalten.
Nur bei einem gut ausgeprägten BETA-Wert wirken Sie unter diesen Umständen zurückhaltend, bescheiden und unaufdringlich, ansonsten laufen Sie Gefahr - zumindest in der ersten Phase einer Begegnung -, als kühl, verschlossen, desinteressiert oder gar als arrogant empfunden zu werden.
Der erste Eindruck, den andere von Ihnen haben, ist daher häufig negativ gefärbt; dafür verbessert sich jedoch meist Ihre Wirkung erheblich bei näherer Bekanntschaft.

5) SENSIBILITÄT
Die mit einem starken GAMMA-Faktor oft verbundene hohe SENSIBILITÄT zeigt nicht nur die Stärke Ihrer Empfindsamkeit, sondern auch die Kehrseite der Medaille, Ihre Empfindlichkeit.
Je höher dieser Unterfaktor ausgeprägt ist, desto leichter nehmen Sie sich Dinge zu Herzen, desto schneller fühlen Sie sich gestreßt, desto dünnhäutiger sind Sie und desto schwerer fällt es Ihnen, sich zu entspannen. Ihre Fähigkeit, Kritik zu vertragen, ist bei hoher Sensibilität und

niedrigem ALPHA-Faktor erheblich reduziert. In diesem Fall nehmen Sie leicht etwas übel, fühlen Sie sich schnell getroffen und reagieren generell etwas überempfindlich. Nach außen verhalten Sie sich jedoch meist kontrolliert. Bei hoher Sensibilität verfügen Sie über hochempfindliche Antennen für Reize aller Art, vor allem für solche, die Sie als störend empfinden.
Sie laufen jedoch manchmal Gefahr, das Gras auch da wachsen zu hören, wo gar keines ausgesät wurde.
Andererseits sehen Sie sich und andere bei einem hohen GAMMA-Wert realistischer und damit meist auch kritischer als bei einem dominierenden BETA- oder ALPHA-Faktor.

6. PSYCHOSOMATIK

Die mit einem hohen GAMMA-Faktor - insbesondere bei deutlich niedrigerem ALPHA- und BETA-Faktor - oft einhergehenden Ängste, die Schwierigkeiten, Ihre Gefühle zu äußern, die hohe Reizempfindlichkeit, Ihre Tendenz, Ärger sowie Probleme in sich hineinzufressen und sich unnötige Sorgen zu machen, führen zu überhöhtem Streß bei gleichzeitig reduzierten Streßventilen.
Die Folgen sind nicht selten PSYCHOSOMATISCHE Beschwerden und Krankheiten, die von Mattigkeitsgefühlen, Entspannungs- und Schlafschwierigkeiten bis zu Magen-Darm-Problemen und noch ernsteren Krankheiten reichen können.

Überblick:
Die 6 PSA- und 18 PST-Unterfaktoren

ALPHA	BETA	GAMMA
Dominanz	Menschen-interesse	Introversion
Impulsivität	Gutmütigkeit	Kontrolle
Durchsetzung	Vermitteln	Absicherung
Initiative	Gefühls-orientierung	Soziale Distanz
Risikofreude	Einfühlen	Sensibilität
Schnelligkeit	Innere Stabilität	Psychosomatik

Überblick:
Die 3 Hauptfaktoren im direkten Vergleich

Allgemeine Persönlichkeits-Eigenschaften		
ALPHA	**BETA**	**GAMMA**
Willensmensch	Gefühlsmensch	Verstandesmensch
Pragmatiker	Helfer	Untersucher
Macher	Durchführer	Planer
Handeln	Fühlen, Intuition	Begreifen
Bewegt Menschen und Dinge	Verschmilzt mit Menschen und Dingen	Analysiert Menschen und Dinge
Energetisch	Entspannt	Wachsam
Stark	Warm	Kühl
Schnell	Behutsam	Genau
Unermüdlich	Langsam	Angestrengt
Hart	Weich	Zögerlich
Offensiv	Rezeptiv	Defensiv
Aktiv	Passiv	Reflexiv
Wettbewerbs-orientiert	Team-orientiert	Einzelgänger

	Spezielle Persönlichkeits-Eigenschaften		
	ALPHA	**BETA**	**GAMMA**
Verhalten am Arbeitsplatz	Sach- und Zielorientiert Dominant Führungsorientiert Macher	Menschen- und Beziehungsorientiert Kollegial Teamorientiert Durchführer	Fakten- und Selbstorientiert Einzelkämpfer Aufgabenorientiert Planer
Entscheidungs-verhalten	Entscheidet schnell Entscheidet im Interesse der Sache	Entscheidet langsam Berücksichtigt die Interessen anderer	Entscheidet schwer versucht alle Für und Wider abzuwägen
Verhandlungs-verhalten	Direkt Kompromißlos	Indirekt Konziliant	Zäh Gründlich
Kommunikations-verhalten	Initiator Angreifer	Vermittler Beschwichtiger	Perfektionist Kritiker
Energieeinsatz	Gezielt und kraftvoll aber oft hektisch und vorschnell	Stetig und ökonomisch aber oft langsam	Konzentriert und intensiv aber oft unökonomisch
Wird motiviert durch	Herausforderungen	Zuwendung	Qualitätsanspruch
Problembewältigung	Durch aktives Handeln	Durch Zuwendung und Zuspruch	Durch innere Verarbeitung
Verhalten unter Druck	Aggressiv Verletzend	Verunsichert Nachgiebig	Defensiv Rechthaberisch
Freizeitverhalten	Sportliche Aktivitäten	Soziale Aktivitäten	Individuelle Aktivitäten

Negative Bezeichnungen		
ALPHA	**BETA**	**GAMMA**
Ehrgeizling	Softie	Erbsenzähler
Machtmensch	Seelchen	Nervensäge
Rücksichtslos	Naiv	Kalter Fisch
Harter Brocken	Lahmarsch	Paragraphenreiter

Übung: Zur Anwendung Ihrer gewonnenen Erkenntnisse

Auf dieser und den folgenden Seiten stehen einige Fragen, die Sie anregen sollen, Ihre gewonnenen Erkenntnisse über Persönlichkeits-Strukturen und -Eigenschaften zu vertiefen und anzuwenden. Für diese Übung und vor allem für ein besseres Eindringen und Behalten der beschriebenen Haupt- und Unterfaktoren wäre es hilfreich, wenn Sie die wesentlichen Inhalte der Faktoren-Beschreibungen nochmals ganz oder teilweise nachlesen würden.
Sie werden erst dabei bemerken, was Sie vielleicht beim ersten Lesen übersehen haben. Danach wird es Ihnen viel leichter fallen, die folgenden Fragen zu beantworten.

1) Überlegen Sie und notieren Sie sich hier, wie die Komponenten-Struktur bei Ihrem Lebenspartner (oder einer anderen Ihnen nahestehenden Person) vermutlich aussieht:

Ich vermute bei meinem/meiner

Stärkste Komponente	Zweitstärkste Komponente	Schwächste Komponente

2) Überlegen und notieren Sie sich hier, welche zwei Unterfaktoren bei dieser Person vermutlich die höchsten Ladungen aufweisen:

Stärkster Unterfaktor	Zweitstärkster Unterfaktor

3) Überlegen und notieren Sie sich hier, welche zwei Unterfaktoren bei dieser Person vermutlich die niedrigsten Ladungen aufweisen:

Schwächster Unterfaktor	**Zweitschwächster Unterfaktor**

4) Welche Vorteile/Nachteile ergeben sich aus dem Zusammenspiel der zwei stärksten Unterfaktoren dieser Person und Ihren beiden stärksten Unterfaktoren?

Vorteile	**Nachteile**

5) Welche Vorteile/Nachteile ergeben sich aus dem Zusammenspiel der zwei schwächsten Unterfaktoren dieser Person und Ihren beiden stärksten Unterfaktoren?

Vorteile	**Nachteile**

6) Welche Vorteile/Nachteile ergeben sich aus dem Zusammenspiel der zwei stärksten Unterfaktoren dieser Person und Ihren beiden schwächsten Unterfaktoren?

Vorteile	Nachteile

7) Was können Sie tun, um die gefundenen Vorteile (Fragen 4, 5, 6) (noch) besser zu nutzen?

1.

2.

3.

8) Was können Sie tun, um die gefundenen Nachteile (Fragen 4, 5, 6) (weiter) zu vermindern?

1.

2.

3.

Sie wissen es selbst:
Entweder versuchen Sie, Ihre Antworten aus den letzten beiden Fragen umgehend in die Tat umzusetzen, oder Sie werden es wahrscheinlich nie tun!

Der Einfluß des Sekundär-Faktors

Der **Primär-Faktor** - jener Hauptfaktor mit der stärksten Ausprägung - wird insbesondere durch den **Sekundär-Faktor** - jenem Hauptfaktor mit der zweitstärksten Ausprägung - beeinflußt. Hierbei ist allerdings Voraussetzung, daß der **Tertiär-Faktor** - der Hauptfaktor mit der schwächsten Ausprägung - deutlich unter dem Sekundär-Faktor liegt.
Die folgenden Hinweise können nur sehr allgemeiner Natur sein, da die konkreten Ausprägungsstärken der Hauptfaktoren, die Abstände zwischen ihnen und natürlich die Stärke einzelner Unterfaktoren das komplexe Beziehungsgeflecht in einer Persönlichkeits-Struktur beeinflussen.
Lassen Sie sich durch meine Hinweise anregen, sich selbst Gedanken über die Zusammenhänge in Ihrer unverwechselbaren Persönlichkeits-Struktur zu machen, um Ihre bereits gewonnene Selbst- und Menschenkenntnis weiter zu vertiefen.

Primär-Faktor ALPHA

ALPHA und BETA

Der Einfluß der BETA-Eigenschaften ist weitgehend positiv.

Insbesondere die "Dominanz" wird durch die BETA-Eigenschaften (vor allem "Menscheninteresse", "Einfühlungsvermögen" und "Gefühlsorientierung") gedämpft. Ihr Bedürfnis, den eigenen Kopf durchzusetzen, wird hierdurch reduziert, ebenso die Gefahr, andere zu überrollen.
In Abhängigkeit von der Stärke Ihres ALPHA- und BETA-Wertes wird Ihr Verhalten in Richtung auf mehr Einfühlungsvermögen, Geduld, Freundlichkeit, Kompromißbereitschaft, Verständnis für andere und etwas mehr Diplomatie beeinflußt.
Ihr Verhalten wird insgesamt etwas weicher und toleranter.
Die Befürchtung, daß Ihr hohes Dynamik- und Aktivitätspotential unter dem BETA-Einfluß leiden würde, ist unbegründet.

Primär-Faktor ALPHA

ALPHA und GAMMA

Der Einfluß der GAMMA-Eigenschaften kann sich sowohl positiv als auch negativ auswirken.

Alle ALPHA-Eigenschaften werden durch die GAMMA-Eigenschaften mehr oder weniger stark beeinflußt, was aus subjektiver Sicht sehr unterschiedlich bewertet werden kann.
In erster Linie erfahren Ihre "Impulsivität", "Risikofreude" und "Schnelligkeit" eine Dämpfung.
Aber auch Ihre Initiativkraft, Dynamik und Delegationsbereitschaft zeigen durch die Bedürfnisse nach Kontrolle, Genauigkeit und Absicherung eine Abschwächung.
Entschlüsse fassen Sie nicht mehr so leicht und so schnell; Entscheidungen fällen Sie weniger spontan, dafür überlegter und abgesicherter.
Insbesondere in Konfliktsituationen verhalten Sie sich dadurch meist noch sachlicher, konsequenter, kompromißloser und distanzierter.

Primär-Faktor BETA

BETA und ALPHA

Der Einfluß der ALPHA-Eigenschaften ist weitgehend positiv.

Die BETA-Eigenschaften profitieren vor allem von der Dynamik und der Sachorientierung des ALPHA-Faktors.
Das Hintanstellen der eigenen Bedürfnisse im allgemeinen und die Ausnutzbarkeit im besonderen werden reduziert.
Sie achten etwas mehr auf Ihre eigenen Interessen und verhalten sich etwas weniger selbstlos, nachgiebig und kompromißbereit.
Ihr Harmoniebedürfnis und Ihre Konfliktscheu werden abgeschwächt.
In Auseinandersetzungen gewinnen Sie dafür an Durchsetzungskraft und Standvermögen.
Die häufig mit einem hohen BETA-Faktor gekoppelten Bedürfnisse nach Bequemlichkeit werden ebenfalls gemindert. Sie zeigen mehr Aktivität und Bereitschaft, die Initiative zu ergreifen.

Primär-Faktor BETA

BETA und GAMMA

Der Einfluß durch die GAMMA-Eigenschaften ist überwiegend positiv.

Die BETA-Eigenschaften profitieren vor allem von der Vernunftorientierung, dem Realitätssinn, der Genauigkeit und der Vorsichtigkeit des GAMMA-Faktors.
Sie verlassen sich nicht nur oder weniger auf das eigene Gefühl.
Sie untermauern Ihre Ansichten stärker durch Fakten und rationale Argumente, was insbesondere auf Menschen mit dominantem GAMMA-Faktor überzeugender wirkt als emotionale Argumente.
Sie verhalten sich etwas vorsichtiger und wählerischer im Erstkontakt mit anderen.
Freundschaften werden von Ihnen nicht mehr ganz so leicht geschlossen.
Sie sehen sich und die Dinge etwas kritischer, gewinnen an Beobachtungsschärfe und verlieren dafür ein Stück Optimismus.

Primär-Faktor GAMMA

GAMMA und ALPHA

Der Einfluß durch die ALPHA-Eigenschaften ist teils positiv teils negativ.

Die Bedürfnisse nach Kontrolle, Absicherung, Genauigkeit und Perfektionismus werden gemildert.
Ihre "emotionale Zwangsjacke" lockert sich.
Sie machen sich durch den ALPHA-Einfluß weniger Sorgen und Probleme. Sie sehen sich und die anderen nicht mehr ganz so kritisch.
Die Auswirkung auf Ihre etwaige Befangenheit oder gar Unsicherheit im zwischenmenschlichen Kontakt ist positiv.
Sie reagieren weniger empfindlich und gestreßt.
Ihre etwaige psychosomatische Gefährdung wird oft reduziert.
Negativ wirkt sich diese Konstellation dann aus, wenn sie zu aggressiven, unnachgiebigen, Überlegenheit demonstrierenden oder gar überheblichen Verhaltensweisen führt. Dies ist häufig dann der Fall, wenn die BETA-Eigenschaften schwach ausgeprägt sind.

Primär-Faktor GAMMA

GAMMA und BETA

Der Einfluß der BETA-Eigenschaften ist fast ausschließlich positiv.

Es ist vor allem der Kontaktbereich und das Kontaktverhalten, auf die sich ein hoher BETA-Faktor positiv auswirkt.
Sie fühlen sich meist wohler im Umgang mit anderen und sind bei der Kontaktherstellung weniger angespannt, befangen und gehemmt.
Auch Ihre Introversion, Ihre Konzentration auf sich selbst, wird gemildert, und Ihr Interesse an Menschen und deren Problemen nimmt zu.
Ihr primär rationales Vorgehen bei Entscheidungen, Planungen und in Gesprächen wird durch Gefühlseindrücke und größere Konzilianz in positiver Weise ergänzt und erweitert.
Oft wirkt sich auch ein hoher BETA-Faktor, insbesondere bei hoher "innerer Stabilität", positiv auf eine erhöhte Sensibilität und psychosomatische Gefährdung aus.

Die Bedeutung des Tertiär-Faktors

Als Tertiär-Faktor bezeichne ich, wie gesagt, jenen Hauptfaktor, der die schwächste Ladung aufweist.
Es ist naheliegend und sinnvoll, auch den schwächsten Faktor näher ins Auge zu fassen. Dabei wäre es jedoch falsch, ihn primär oder gar ausschließlich negativ zu betrachten, als bloßen Indikator für Defizite und Begrenzungen des personalen Entfaltungsspielraums. Bei allen Haupt- und Unterfaktoren erweist sich nämlich eine niedrige Ausprägung für viele Menschen und in vielen Situationen eher als Vorteil denn als Nachteil!
Überlegen Sie selbst:
Unter welchen Umständen, in Kombination mit welchen Personen, ist ein schwach ausgeprägter ALPHA-Unterfaktor von Vorteil und wann von Nachteil ?
Etwa:

- niedrige Impulsivität
- niedrige Dominanz
- geringe Risikofreude
- geringe Schnelligkeit

oder sogar:

- niedriges Durchsetzungsvermögen
- und reduzierte Initiative

Analoge Überlegungen gelten für den BETA- und den GAMMA-Faktor sowie für deren Unterfaktoren.

Darüber hinaus ist auf die Vermeidung folgender Gefahren bei der Interpretation des Tertiär-Faktors und seiner Unterfaktoren zu achten:

1) Die Gefahr der Über-Interpretation

Ein niedriger Hauptfaktor ist kein Garant dafür, daß auch all seine Unterfaktoren schwach ausgeprägt sind. So kann ein Mensch mit niedriger Introversion, geringer sozialer Distanz, geringer Sensibilität und psychosomatischer Gefährdung dennoch ein hohes Absicherungs- und Kontrollbedürfnis haben. Ihm zu raten, daß er für berufliche Aufgaben, bei denen es auf Sorgfalt, Genauigkeit und Kontrolle ankommt, nicht geeignet sei, wäre in diesem Fall nicht nur unverantwortlich, sondern auch falsch!

2) Die Gefahr der Relations-Überschätzung

Es ist ein großer Unterschied, ob der schwächste Hauptfaktor eine Ausprägung von 50 oder von 90 hat.
Und es ist offensichtlich auch ein großer Unterschied, ob einem Wert von 80 für den Tertiär-Faktor die Werte 90 und 100 für den Sekundär- sowie Primär-Faktor oder die Werte 120 und 140 gegenüberstehen.

3) Die Gefahr der Fatalismus-Einstellung

Selbst ein schwach ausgeprägter Unterfaktor besagt nicht, daß man die betroffene Eigenschaft nicht durch geeignete Maßnahmen verstärken könnte (= **Strukturänderung**) oder zumindest durch Willenskraft und Selbstdisziplin das gewünschte Verhalten - trotz niedriger Eigenschaftsausprägung - zeigen könnte (= **Verhaltensänderung**).
Durch Training bis hin zu therapeutischen Maßnahmen sind die meisten, wenn nicht gar alle, Unterfaktoren in ihren Stärken in vielen Fällen **dauerhaft** veränderbar (Strukturänderung)!

Selbst die in ihren Ausprägungen nur schwer oder nicht dauerhaft veränderbaren Unterfaktoren sind durch Willenseinsatz und Selbstdisziplin kurzzeitig mehr oder weniger stark zu beeinflussen (Verhaltensänderung).

Zu letzteren zählen in erster Linie:

- die Impulsivität,
- die Gefühlsorientierung,
- das Menscheninteresse,
- die Introversion und
- die Sensibilität.

So gelingt es beispielsweise vielen Menschen, durch Willenskraft und Training

- die Impulsivität zu bremsen,
- stärker oder schwächer auf das eigene Gefühl zu hören,
- ein höheres Menscheninteresse an den Tag zu legen,
- und sich sogar - auch wenn dies vielen erheblich schwerer fällt - bei Bedarf mehr auf äußere als auf innerseelische Vorgänge zu konzentrieren,
- ja sogar die Impulsivität zu erhöhen
- sowie die Sensibilität zu verstärken oder zu reduzieren.

4) Die Gefahr der Konzentration auf den Tertiär-Faktor

Trotz der Möglichkeit, auch schwach ausgeprägte Unterfaktoren strukturell, zumindest verhaltensmäßig, zu beeinflussen, wäre es ein Fehler, sich primär auf die Veränderung des schwächsten Hauptfaktors und seiner Unterfaktoren zu konzentrieren.

Maßnahmen zur Strukturänderung sind meist zeitaufwendig, nicht immer von Erfolg gekrönt und oft mit Therapiekosten verbunden.

Ihr Hauptinteresse sollte daher auf die Herstellung von privaten und beruflichen Lebensumständen gerichtet sein, die mit der eigenen Persönlichkeits-Struktur möglichst in Einklang stehen!

Verhaltensänderung ist meist nur für eine begrenzte Zeitdauer möglich und kostet psychische Energie.

Die situative, willentliche Verhaltensbeeinflussung einer Eigenschaft ist deshalb nur angezeigt, wenn sich die Anstrengung lohnt, das heißt, wenn sie mehr Vorteile als Nachteile bringt.

Ihr subjektives und Ihr objektives Persönlichkeits-Bild

Das subjektive Bild - Wie Sie sich sehen

Frage ich Sie, zu wieviel Prozent Ihre PSA auf Sie zutrifft, ist die Wahrscheinlichkeit sehr hoch, daß Sie einen Wert zwischen 85 und 100 Prozent nennen.
Dies scheint ein überzeugender Beweis für die Richtigkeit Ihrer PSA-Ergebnisse.
Erwähnenswert ist in diesem Zusammenhang auch eine von A. Wolters 1992 durchgeführte Untersuchungsreihe, in der jeweils 10 Seminarteilnehmern die anonymen PST-Ergebnisse aller 10 Teilnehmer vorgelegt wurden mit derAufforderung, die eigenen PST-Ergebnisse herauszufinden. Im Schnitt gelang es 70 Prozent der Personen, ihren eigenen PST zu identifizieren, 10 bis 20 Prozent vermuteten den eigenen PST zu Recht unter 2 bis 3 ausgewählten, und nur rund 10 Prozent lagen völlig daneben.
Nun könnte man meinen, es fehlten nurmehr Hinweise für die weitere Auseinandersetzung mit Ihren PSA-Ergebnissen, damit Sie soviel Nutzen wie möglich aus Ihrer PSA ziehen können.
Genau so verfahren Erfinder und Anwender anderer Selbsteinschätzungs-Verfahren. Hierbei wird jedoch unterstellt, daß das Fragebogen-Ergebnis eines Menschen die wahre Grundstruktur seiner Persönlichkeit widerspiegelt, daß ein Mensch auch tatsächlich so ist, wie er sich selbst sieht!

Es erübrigt sich, die Vielzahl psychologischer Untersuchungen anzuführen, die diese Unterstellung widerlegen, weil jeder aus

eigener Erfahrung weiß, daß die meisten Menschen sich etwas vormachen und sich meist mehr oder weniger stark "geschönt" wahrnehmen (s. Psychologie Heute 1988, Lockard/Paulhus 1988). Um nur ein Beispiel zu geben: Fragt man eine große Zahl von Menschen "Haben Sie überdurchschnittlich viel Sinn für Humor?" müßten - wenn die Antwort der Wahrheit entspräche - rund 50 Prozent mit "Ja" und rund ebensoviele mit "Nein" antworten. Tatsächlich sollen 95 Prozent der Befragten hierauf mit "Ja" antworten (Eysenck/Wilson 1976)!
Und wie nicht anders zu erwarten, stellen die meisten Menschen dieses Sich-selbst-etwas-vormachen vor allem bei anderen und nur selten bei sich selbst fest.

Halten wir also fest:
Ihre ermittelten PSA-Werte zeigen bislang nur (wie jedes Selbsteinschätzungs-Verfahren), wie Sie sich selbst sehen. Hinweise, wie Sie mit Ihren PSA-Werten (oder die eines anderen Selbsteinschätzungs-Instruments) umgehen sollen und was Sie alles aus ihnen erfahren können, sind offensichtlich nur dann sinnvoll, wenn Sie sich in etwa auch so sehen, wie Sie tatsächlich sind!

Aufgrund meiner bisherigen Erhebungen ergibt sich folgendes Bild:

- Rund 20 Prozent der bislang erfaßten Personen sehen sich ohne allzu große Verzerrung so, wie sie tatsächlich sind. (Die maximale Verzerrung liegt zwischen + 10% und - 10 %)

- Rund 75 Prozent sehen sich mehr oder weniger stark "geschönt"; das heißt, positive Eigenschaften werden überschätzt und negative unterschätzt. (Die maximale positive Verzerrung ist größer als +10%)

- Weniger als 5 Prozent sehen sich zu negativ; das heißt, positive Eigenschaften werden unterschätzt und negative werden überschätzt. (Die maximale negative Verzerrung ist größer als -10%)

Interessiert es Sie zu erfahren, zu welcher dieser drei Kategorien Sie gehören?

Die PSA und der PST sind die einzigen Selbsteinschätzungs-Instrumente, die Ihnen diese Frage in befriedigender Weise beantworten können.

Das objektive Bild - Wie Sie wirklich sind

Nun kommt die besondere Funktion Ihres **KAPPA-Wertes** ins Spiel. Er gibt Ihnen darüber Auskunft, ob Ihre PSA-Werte in positiver oder negativer Richtung verzerrt sind und wie stark in etwa die Verzerrung ist.
Er ist somit nicht mehr und nicht weniger als eine Art Gradmesser für Ihre Fähigkeit, sich so zu sehen, wie Sie wirklich sind!

Sehen Sie auf Seite 29 nach, wie hoch Ihr KAPPA-Wert ist.

- **Liegt Ihr KAPPA-Wert zwischen 7 und 11, so bedeutet dies, daß Sie sich weitgehend so sehen, wie Sie wirklich sind.**

- **Liegt Ihr KAPPA-Wert über 11, so bedeutet dies, daß Sie sich zu positiv (mehr oder weniger "geschönt") sehen.**

- **Liegt Ihr KAPPA-Wert jedoch unter 7, so bedeutet dies, daß Sie sich zu negativ (zu "kritisch") sehen.**

Die genaue Umwandlung Ihrer PSA-Werte (S. 39 = **wie Sie sich sehen**) in Ihre **korrigierten PSA-Werte (= wie Sie sind)** erfordert außer dem KAPPA-Wert noch einen weiteren Korrektur-Mechanismus, der in diesem Buch ausgespart wurde, um die Rechenarbeit für den Leser zu vereinfachen.
Die folgende Grobkorrektur orientiert sich an den Durchschnittswerten der exakten Doppel-Korrektur:

KAPPA-Wert	Grobkorrektur Ihrer PSA Werte		
UNTER 7	ALPHA – 0 BETA + 7 GAMMA – 7	A1 – 0 B1 + 14 G1 – 5	A2 – 0 B2 + 0 G2 – 9
7 - 11	Keine Korrektur erforderlich		
Über 11	ALPHA – 0 BETA – 7 GAMMA + 7	A1 – 0 B1 – 14 G1 + 5	A2 – 0 B2 – 0 G2 + 9

Beispiel für eine Korrigierte PSA (KAPPA = 15):

PSA-Werte	Grobkorrigierte PSA-Werte
ALPHA = 100 A 1 = 92 A 2 = 108	ALPHA = 100 - 0 = 100 A 1 = 92 - 0 = 92 A 2 = 108 - 0 = 108
BETA = 112 B 1 = 123 B 2 = 101	BETA = 112 - 7 = 105 B 1 = 123 - 14 = 109 B 2 = 101 - 0 = 101
GAMMA = 98 G 1 = 103 G 2 = 93	GAMMA = 98 + 7 = 105 G 1 = 103 + 5 = 108 G 2 = 93 + 9 = 102
KOMPONENTEN-SUMME = 310	**KOMPONENTEN-SUMME = 310**

Falls Sie Ihre endgültigen PSA-Werte (S. 39) grob korrigieren müssen, tragen Sie Ihre korrigierten PSA-Wert auf Seite 161 ein. Dort finden Sie die Grafik:
MEIN KORRIGIERTES PSA-DIAGRAMM -
WIE ICH WIRKLICH BIN.

Betrachten Sie nun Ihre **korrigierten PSA-Werte** in aller Ruhe, und fragen Sie sich erneut, falls Sie eine Korrektur vornehmen mußten:
Zu wieviel Prozent trifft meine korrigierte PSA auf mich zu?

Die Wahrscheinlichkeit ist hoch, daß Sie nun einen etwas niedrigeren Wert als bei Ihrer unkorrigierten PSA (S. 39) nennen.
Dieses Phänomen bestätigt, daß Ihre **unkorrigierte PSA** Sie so zeigt, wie Sie sich sehen und sehen wollen, während Ihre **korrigierte PSA** in die Richtung weist, wie Sie tatsächlich sind, aber sich nicht sehen und nicht unbedingt sehen möchten.
Dieses Phänomen ist ein erster Beleg für die Richtigkeit dieses neuartigen Korrektur-Verfahrens.
(Zusätzliche wissenschaftliche Belege für seine Gültigkeit finden interessierte Leser im Anhang E).

Die "Gretchenfrage"

Warum, so lautet die entscheidende Frage, ist es eigentlich so wichtig zu wissen, wie man in etwa tatsächlich ist?
Andere Persönlichkeits-Instrumente zeigen meist nur, wie man sich sieht, und scheinen dennoch relevante Hinweise hieraus für private und berufliche Lebensbereiche ableiten zu können!
Diese Feststellung ist bis auf eine "kleine" Einschränkung durchaus richtig. Aber es ist genau diese "kleine" Einschränkung, die häufig zu falschen Schlußfolgerungen aus den mehr oder weniger unbewußt verfälschten Selbsteinschätzungen führt. Und da solche Schlußfolgerungen von weitreichender Bedeutung für das Privat- oder Berufsleben eines Menschen sein können, ist es äußerst riskant und in vielen Fällen sogar unverantwortlich, derartige Hinweise aus unkorrigierten Selbstbeurteilungen abzuleiten!
Vergleichen wir hierzu eines meiner Instrumente (PSA oder PST) mit einem "EYSENCK-Instrument" (EPQ oder EPQ-R) und einem "SCHIRM-Instrument" ("Struktogramm" oder "Biostruktur-Analyse"), die ebenfalls drei Persönlichkeits-Komponenten (jedoch keine Unterfaktoren) erfassen, welche mit den Hauptfaktoren der PSA gewisse Ähnlichkeiten aufweisen:

Bambeck	Eysenck	Schirm
ALPHA-Komponente	Extraversion	Zwischenhirn-Komponente
BETA-Komponente	Anti-Psychotizismus	Stammhirn-Komponente
GAMMA-Komponente	Neurotizismus	Großhirn-Komponente

Nehmen wir an, jemand hätte folgende Werte in diesen drei Instrumenten erzielt:

Bambeck-Instrument unkorr.		Eysenck-Instrument		Schirm-Instrument	
ALPHA	110 = 37%	E	16 = 39%	ROT	17 = 47%
BETA	105 = 35%	Anti-P	14 = 34%	GRÜN	12 = 33%
GAMMA	85 = 28%	N	11 = 27%	BLAU	7 = 19%

Da der GAMMA-, N- oder BLAU-Wert der jeweils niedrigste ist, scheint sich dieser Mensch auf den ersten Blick mit Tätigkeiten eher schwer zu tun, bei denen es auf Sorgfalt, Genauigkeit, Ordnung, Zuverlässigkeit etc. ankommt.

In diesem Sinne schreibt denn auch Schirm unter der Überschrift "Defizit der BLAU-Komponente": "Die Fähigkeit zu vorausschauender Planung ist hier stark bis sehr stark eingeschränkt. Das gleiche gilt auch für die Fähigkeit zur Systematik und zur Ordnung." (Schirm 1989, S.93). Und da bei Schirm ein BLAU-Wert zwischen 5 und 10 als "gering ausgeprägt" gilt (S.63), scheint es naheliegend, so einem Menschen zu raten, möglichst keinen Beruf zu ergreifen oder auszuüben, bei dem es auf große Sorgfalt und Zuverlässigkeit ankommt.

Ein derartiger unzulässiger Schluß oder Ratschlag wird jedoch nur durch Schirms Interpretation seiner Instrumente nahegelegt. Obwohl Wolters und ich bereits 1985 auf diesen und andere Mißstände in unserer Kritik am alten Schirm-

Fragebogen hingewiesen haben, wurde weder dieser Mangel noch die anderen Mängel in der neuen Version des Schirm-Fragebogens beseitigt (Bambeck/Wolters 1985, Schirm 1989).

Warum sind derartige Hinweise und Ratschläge unzulässig?

1) Im Gegensatz zu den EYSENCK- und zu meinen Instrumenten sind die SCHIRM-Fragebögen aufgrund ihrer Konstruktion nämlich nicht in der Lage, die Stärke der Komponenten-Ausprägungen oder die Größe der Komponenten-Unterschiede zu erfassen!
   Schirm scheint nach wie vor nicht zu erkennen, daß seine Instrumente nur angeben können, welche Komponente die relativ stärkste, welche die relativ zweitstärkste und welche die relativ drittstärkste oder drittschwächste ist. Folgende zwei, ziemlich verschiedene PST-Ergebnisse - oder unterschiedliche Ergebnisse, die mit einem Eysenck-Instrument erhoben werden - könnten aus diesem Grund die gleichen Werte bei einem Schirm-Fragebogen erzielen:

Erster PST	Zweiter PST	Schirm-Instrument
ALPHA = 90	ALPHA = 105	Rot = 12
BETA = 125	BETA = 112	Grün = 17
GAMMA = 75	GAMMA = 98	Blau = 7

Schirms Interpretation eines Komponenten-Wertes von 2-4 in seinem neuen Fragebogen als "extrem gering ausgeprägt", von 5-10 als "gering ausgeprägt" oder von 14-21 "als stark ausgeprägt" ist daher ungerechtfertigt und unzulässig (Schirm 1989, S.63)!

2) Außerdem sind die Ergebnisse bei einem Eysenck-Fragebogen, einem Schirm- und natürlich auch einem Bambeck-Fragebogen - wie alle Selbsteinschätzungs-Methoden - in der Regel "geschönt". Das heißt: Die Testperson sieht sich in diesem Fall positiver, als sie ist!
Selbst wenn wir von einem nur durchschnittlichen KAPPA-Wert ausgehen - dem validen Maß für die Verzerrung der Selbstsicht -, so kann bereits eine nur grobe Korrektur der PSA-Werte ein erheblich anderes Bild als die unkorrigierten PSA-Hauptfaktoren ergeben:

	Unkorrigierte PSA	**Korrigierte PSA**
ALPHA =	105	105
BETA =	110	103
GAMMA =	95	102

Anstelle des relativ schwächsten GAMMA-Faktors und eines doch deutlich höheren BETA-Faktors zeigen in diesem Beispiel bereits die grobkorrigierten PSA-Hauptfaktoren, daß sich die Ausprägungen aller 3 Komponenten in Wirklichkeit nicht oder kaum unterscheiden.

Eine derartige Korrektur unbewußt verfälschter Ergebnisse ist weder bei den Schirm- noch bei den Eysenck-Fragebögen noch bei anderen Selbsteinschätzungs-Instrumenten vorgesehen oder in angemessener Weise möglich!

Und noch aus einem dritten gewichtigen Grund sind Schlußfolgerungen oder Ratschläge unzulässig, ja unverantwortlich, die aus einem schwach ausgeprägten, unkorrigierten GAMMA-, N- oder BLAU-Wert abgeleitet würden.

3) Der BLAU-Wert ist wie der N- oder GAMMA-Wert nur eine Durchschnittsgröße, die sich aus mehreren Eigenschaften ergibt! Nur in den SCHIRM-Instrumenten wird unzulässigerweise unterstellt, daß alle Komponenten-Eigenschaften gleich stark ausgeprägt wären. Dies ist, wie bereits die PSA und mehr noch der PST durch das Erfassen der Werte von GAMMA-Unterfaktoren beweist, nur sehr selten der Fall! So kann sich beispielsweise ein eher schwacher, korrigierter GAMMA-Wert von 80 im Einzelfall aus folgenden korrigierten PST-Unterfaktoren ergeben:
"Absicherung" 125, "Kontrolle" 117, "Introversion" 73, "Sensibilität" 65, "Soziale Distanz" 58, "Psychosomatik" 42.
Eher starke Ausprägungen für die Bedürfnisse nach Absicherung und Kontrolle und damit für hohe Genauigkeit, Sorgfalt, Ordnungsliebe, Fehlerangst etc. können also auch in einem eher niedrigen GAMMA-Wert oder BLAU-Wert enthalten sein!

Fassen wir zusammen:

Nur wenn die unkorrigierten PSA-Hauptfaktoren oder die unkorrigierbaren Ergebnisse anderer Komponenten-Instrumente in etwa den tatsächlichen Ausprägungen der sie konstituierenden Unterfaktoren entsprechen, sind Interpretationen und Ratschläge - die sich letztlich immer auf Komponenten-Eigenschaften bzw. Unterfaktoren beziehen - zulässig! Da man, ohne die Werte von Unterfaktoren zu kennen, im konkreten Einzelfall jedoch nie wissen kann, ob diese Voraussetzung gegeben ist, sind spezifische Schlußfolgerungen und Ratschläge, die auf bloßer Kenntnis von Komponenten-Ausprägungen, womöglich gar auf unkorrigierbaren Werten basieren - wie sie zum Beispiel die Fragebögen von Schirm und Eysenck ermitteln - schlicht unzulässig und unverantwortlich!

Unqualifizierte Ratschläge sind - wie schon ein Sprichwort sagt - auch "Schläge". Und was antwortete bereits Thales auf die Frage, was das leichteste im Leben sei: "Ratschläge geben".

Anregungen zur Nutzung Ihrer PSA

Vom "einäugigen" zum "beidäugigen" Sehen

Freunden Sie sich mit Ihrer korrigierten PSA an, auch wenn es Ihnen anfangs ein wenig schwerfallen sollte; denn sie zeigt die Richtung an, in der die wahre Grundstruktur Ihrer Persönlichkeit zu suchen ist!

Vielleicht fragen Sie einmal Menschen aus Ihrer näheren Umgebung, die Sie gut kennen, wie die Sie in Hinblick auf die eine oder andere von der PSA erfaßte Eigenschaft (Unterfaktor) oder Eigenschaftsgruppe (Hauptfaktor) einschätzen. Dieser Rat ist allerdings zweischneidig. Die meisten Menschen glauben nämlich, Offenheit in diesen Dingen zu vertragen, wahrscheinlich sind auch Sie dieser Meinung. Dabei vertragen, wie jeder weiß, nur wenige Menschen volle Offenheit in diesen Dingen. Sollten Sie jemand sein, der unzutreffenderweise glaubt, offene Kritik von Nahestehenden zu vertragen, hat es wenig Wert, jene, die Sie zwar kennen, aber nicht verletzen wollen, um ein offenes Wort zu bitten. Und noch aus einem weiteren Grund ist dieser Rat zweischneidig, da die Beurteilungen dieser Menschen ebenfalls in der Regel mehr oder weniger stark unbewußt verfälscht sind.
Dennoch könnte ein solches "Feedback" nicht völlig umsonst sein, wenn Sie nur genau hinhören. Die meisten Relativierungen, Einschränkungen und Verkleinerungen sind in der Regel nur gut gemeinte Puffer. Wenn Sie das Gehörte richtig "übersetzen", können Sie zumindest einiges darüber erfahren, wie Sie von anderen - zu Recht oder zu Unrecht - gesehen werden.

Gesagt wird beispielsweise	Und gemeint ist häufig
"Meist ist es gar nicht so schlimm mit dir".	"Oft ist es schlimm mit dir".
"Manchmal bist du ein wenig ungehalten".	"Oft bis du harsch und ohne Einfühlungsvermögen".
"Im Grunde bist du wahrscheinlich ein weicher, feinfühliger Mensch".	"Oft fühle ich mich von dir rücksichtslos behandelt".
"Ab und zu bist du ein wenig ruppig".	"Oft bist du zu aggressiv".
"Du kannst dich sicherlich gut durchsetzen".	"Du überrollst andere".
"Manchmal reagierst du etwas pikiert".	"Du verträgst keine offene Kritik".
etc.	etc.

Ihre grobkorrigierte PSA vermag Ihnen zwar nur einen teilweise differenzierten Einblick in die angenähert wahre Grundstruktur Ihrer Persönlichkeit zu geben. Dies ist jedoch erheblich mehr, als andere Selbsteinschätzungs-Instrumente zu leisten vermögen.

Gute und schlechte Eigenschaften

Die PSA ist einerseits ungeeignet, um gute und schlechte Eigenschaften zu markieren, da es von der Ausprägungsstärke, von situativen Umständen und nicht zuletzt von persönlichen Wertsystemen abhängt, ob eine Eigenschaft als gut oder als schlecht erachtet wird.

So kann die Energie und die Initiativkraft des ALPHA-Faktors zu erdrückender Dominanz und die Schnelligkeit zu Unbesonnenheit entarten (oder so empfunden werden).

Die Gutmütigkeit, das Vermittlungs- und Harmoniebedürfnis des BETA-Faktors können sich bis zur Ausnutzbarkeit und Durchsetzungsschwäche steigern (oder so empfunden werden).

Und die Bedachtsamkeit, das Bedürfnis nach Absicherung und Kontrolle des GAMMA-Faktors, können zu Entscheidungsschwäche und Pedanterie führen (oder so empfunden werden), wie eine hohe Sensibilität Überempfindlichkeit oder gar Krankheit im Gefolge haben kann.

Andererseits besitzt jeder von uns ein persönliches Wertsystem, anhand dessen wir Eigenschaften - sprich Unterfaktoren - unter Umständen in Abhängigkeit von situativen Gegebenheiten in gute und schlechte einteilen. Diese Wertungen sind jedoch völlig subjektiver Natur.
Objektivere Bewertungen sind unter bestimmten Gegebenheiten jedoch sehr wohl möglich. Zum Beispiel bei Fragen wie:

- Welche PSA-Werte sind für eine bestimmte Position in einem Unternehmen eher von Vorteil oder von Nachteil (für den Bewerber, für das Unternehmen)?

- Menschen mit welchen PSA-Werten können in bestimmten Situationen eher gut zusammenarbeiten?

- Menschen mit welchen PSA-Werten können in bestimmten Situationen eher schlecht zusammenarbeiten?

- Menschen mit welchen PSA-Werten neigen in welchen Situationen eher zu psychosomatischen Störungen und Krankheiten?

Bei derartigen, objektivierbaren Fragestellungen geht es sehr wohl um gute und schlechte Eigenschaften, um vorteilhaftere und unvorteilhaftere. Gerade deshalb ist es hierbei unabdingbar, sowohl die Möglichkeiten als auch die Grenzen der PSA wie des PST sehr genau zu kennen.

Kann man sich ändern?

Der Streit zwischen jenen Wissenschaftlern, die unsere Persönlichkeits-Struktur als relativ unveränderbar, und jenen, die sie als relativ veränderbar ansehen, erstreckt sich nun schon über mehrere Jahrzehnte (z.B. Rubin 1988).
Letztlich ist es auch hier nur eine Frage der Sichtweise. Die Korrelationen zwischen den Ausprägungen weit gefaßter Persönlichkeits-Dimensionen eines Menschen - wenn er jung ist und wenn er alt ist - variieren um einen Wert von .70. Dies bedeutet - ausgedrückt im statistischen Fachchinesisch - daß rund die Hälfte der Streubreite (49%) zwischen den später gewonnenen Meßwerten auf der Basis der früher gewonnenen übereinstimmen.
Oder einfach gesagt: Bei rund 50 Prozent der Menschen bleibt die Struktur der Persönlichkeit selbst über viele Jahrzehnte hinweg weitgehend unverändert.
Diese Tatsache spricht eindeutig für die relative Unveränderbarkeit von Persönlichkeits-Komponenten und -Eigenschaften, aber sie spricht genau so eindeutig für das Gegenteil, da bei der anderen Hälfte der Menschen mehr oder weniger starke Veränderungen der Persönlichkeits-Struktur im Laufe eines Lebens zu verzeichnen sind.

Häufig bringt allein das Älterwerden folgende Veränderungen der Hauptfaktoren mit sich. Die folgende Übersicht ist aus Eysenckschen Angaben extrapoliert, da für meine Instrumente noch keine Langzeit-Studien vorliegen (Eysenck/Eysenck 1987):

	Frauen	Männer
ALPHA (unkorrigiert)	Tendenz leichte Abnahme	Tendenz deutliche Abnahme
BETA (unkorrigiert)	Tendenz leichte Zunahme	Tendenz deutliche Zunahme
GAMMA (unkorrigiert)	Tendenz leichte Abnahme	Tendenz leichte Abnahme

Aber selbst, wenn es zu keinen Strukturveränderungen in der Persönlichkeit kommt, sind stets erhebliche Verhaltensänderungen möglich!
Vor allem im Berufsleben ist es oft unumgänglich, bestimmte Rollen zu spielen. Und wenn dies schon unvermeidlich ist, kann es durchaus hilfreich sein, seine PSA zu befragen, wie eine Rolle am besten, das heißt mit geringster Anstrengung, realisiert werden kann. Denn Rollenspielen kostet umso mehr Energie, je persön-lich-keitsfremder die Rolle ist!
Aus diesem Grunde ist es sinnvoll und möglich, ja oft sogar notwendig, an sich - an bestimmten Unterfaktoren - willentlich zu arbeiten und sie zu beeinflussen. Dies kann im Laufe der Zeit sogar zu Strukturveränderungen führen, wodurch die gesamte Persön-lich-keits-Struktur dauerhaft verändert wird.

Fassen wir zusammen:

Es lohnt, an sich zu arbeiten. Doch für qualifizierte Hinweise, in welcher Richtung die Arbeit sinnvoll und möglich sein könnte, benötigt man so differenzierte Instrumente wie den

PST und die PSA sowie ein entsprechendes Wissen über die Beeinflußbarkeit von Persönlichkeits-Eigenschaften und auch über die Grenzen der Diagnose-Instrumente.
Unseriöse Selbsteinschätzungs-Instrumente wie die "Psycho-Geometrie" von Dellinger (1989), aber auch undifferenzierte, nur unkorrigierte Persönlichkeits-Komponenten erfassende Verfahren wie das "Persönlichkeits-Profil DISG", das "Hirn-Dominanz-Instrument HDI" oder die diversen Persönlichkeits-Fragebögen von Schirm, aber auch jene von Eysenck, sind hierbei hoffnungslos überfordert (s. Bambeck 1991, S.177-207)!

Übung: Wie gut ist Ihre Menschenkenntnis?

Dieses Buch hat zum erklärten Ziel, nicht nur Ihre Selbstkenntnis, sondern auch Ihre Menschenkenntnis zu verbessern. Wurde das Buch bis hierher von Ihnen "durchgearbeitet", so hat neben Ihrer Selbstkenntnis auch Ihre Menschenkenntnis einen beachtlichen Zuwachs erfahren, ohne daß es Ihnen vielleicht bewußt geworden ist. Sie werden von nun an kaum mehr umhin können, darauf zu achten, wie stark die drei Hauptfaktoren sowie verschiedene Unterfaktoren bei anderen ausgeprägt sind oder sein könnten. In dem Maße, in dem Sie sich das dargestellte Persönlichkeits-Modell zu eigen machen und in dem Sie in die komplexen Zusammenhänge Ihrer eigenen PSA und die anderer immer tiefer eindringen, gelingt es Ihnen, auch andere Menschen (Partner, Kinder, Freunde, Mitarbeiter, Vorgesetzte usw.) immer besser zu erkennen und zu verstehen sowie treffsicherer und differenzierter zu beurteilen. Von ganz besonderer Wichtigkeit ist in diesem Zusammenhang, daß Sie sich stets davor hüten, die Möglichkeiten Ihrer wachsenden Selbst- und Menschenkenntnis zu überschätzen! *Menschen sind immer für Überraschungen gut!*

Nur wer sich ständig bewußt bleibt, daß man einen Menschen nie völlig erkennen kann und daß selbst bei noch so guter Menschenkenntnis immer Raum für Fehleinschätzungen bleibt, wird ein guter Menschenkenner werden. Ich habe mir daher folgenden Ausspruch meines Doktorvaters W. Revers zur generellen Maxime meiner Arbeit gewählt:

"Wer die Grenzen seiner Möglichkeiten verkennt, erreicht weniger, als ihm seine Begrenztheit erlauben würde!"

Anhand des folgenden Tests können Sie feststellen, welchen "ungeschönten" Stand Ihre Menschenkenntnis bereits erreicht hat.

Kreuzen Sie bei den folgenden Fragen an, welcher Persönlichkeits-Komponente, A = ALPHA, B = BETA oder G = GAMMA, die genannte Verhaltensweise/Eigenschaft am ehesten zugeordnet werden könnte.
Bitte kreuzen Sie pro Frage nur eine Komponente an!

		A	B	G
1)	Kritisieren			
2)	Helfen			
3)	Ängstlich			
4)	Kantig			
5)	Harmoniebedürfnis			
6)	Spontan			
7)	Gefühlsmensch			
8)	Hart			
9)	Sammel-Leidenschaft			
10)	Extravertiert			
11)	Einzelgänger			
12)	Großzügig			
13)	Beliebt			
14)	Zurückhaltend			
15)	Sportlich			
16)	Positiv			
17)	Zuverlässig			
18)	Rücksichtsvoll			
19)	Streitbar			
20)	Verstandesmensch			
21)	Zaudern			
22)	Kollegial			
23)	Nächtliches Zähneknirschen			
24)	Selbstsicher			
25)	Gefühlvoll			

Kreuzen Sie Ihre jeweilige Antwort in der folgenden Punkte-Tabelle an, und zählen Sie anschließend Ihre erzielten Punkte zusammen.

	Fragen	2 Punkte	4 Punkte	
1)	Kritisieren	A G		
2)	Helfen	A	B	
3)	Ängstlich	B	G	
4)	Kantig		A G	
5)	Harmoniebedürfnis	G	B	
6)	Spontan		A	
7)	Gefühlsmensch	A G	B	
8)	Hart	G	A	
9)	Sammel-Leidensch.	B	G	
10)	Extravertiert		A B	
11)	Einzelgänger		G	
12)	Großzügig	B	A	
13)	Beliebt	A	B	
14)	Zurückhaltend	B	G	
15)	Sportlich	B G	A	
16)	Positiv		A B	
17)	Zuverlässig	A B	G	
18)	Rücksichtsvoll	G	B	
19)	Streitbar	G	A	
20)	Verstandesmensch	A B	G	
21)	Zaudern	B	G	
22)	Kollegial	A G	B	
23)	Nächtl. Zähnekn.	A	G	
24)	Selbstsicher	B	A	
25)	Gefühlvoll		A B G	
		Summe +	Summe =	Gesamtsumme

Bis 70 Punkte	**=**	**Schwach**
71 bis 80 Punkte	**=**	**Durchschnittlich**
81 bis 88 Punkte	**=**	**Gut**
89 bis 95 Punkte	**=**	**Sehr gut**
über 95 Punkte	**=**	**Ausgezeichnet**

Der MKT (Menschenkenntnis-Test) hat neben der Möglichkeit, Ihren derzeitigen Stand in Sachen Menschenkenntnis festzustellen, noch ein zweites, nicht minder wichtiges Ziel. Er soll Sie nochmals darauf hinweisen, daß Persönlichkeits-Eigenschaften nur tendenziell und nie völlig eindeutig einer der drei Komponenten ALPHA, BETA oder GAMMA zugeordnet werden können!

Anwendungsbereiche für die PSA und den PST

In den folgenden Ausführungen will ich mich bewußt nur ausschnitthaft äußern, um dem Leser Gelegenheit und Anregung zu bieten, die inzwischen gewonnenen Erkenntnisse über die Grundkomponenten menschlichen Verhaltens selbst anzuwenden, um weitere etwaige Zusammenhänge aufzuspüren, weitere mögliche Schlußfolgerungen zu bedenken und zusätzliche Anwendungsbereiche zu finden.
Entscheiden Sie selbst, in welchen Situationen die begründeten Vermutungen, durch die Ermittlung konkreter PSA- oder PST-Ergebnisse mit Hilfe autorisierter Trainer - die die Möglichkeiten aber auch die Grenzen der PSA und des PST genau kennen - überprüft, erhärtet und vertieft werden sollten (s. hierzu Anhang A: Gesellschaft für angewandte Persönlichkeits-Analyse (GPA)).

● Berufswahl

Bei Fragen der Berufswahl und Berufseignung ist es nie verkehrt, die PSA-Ergebnisse des Betroffenen, egal ob es um einen selbst oder um andere geht, in den Entscheidungsprozeß miteinzubeziehen. Immer eingedenk der Grenzen beider Instrumente können sie oft wertvolle Hinweise hinsichtlich der Präferenzen sowie der Eignung bzw. Nichteignung für bestimmte Tätigkeitsbereiche und damit auch für bestimmte Berufe und Berufsrichtungen enthalten.

● Partnerschaft

Beide Instrumente bieten keine Hilfe für die Partnerwahl, außer man huldigt der Auffassung: "Gleich zu gleich gesellt sich gern". Tatsache ist, daß Menschen mit gleichen Persönlichkeits-Strukturen häufig ebenfalls gleiche Interessen und damit auf diesem Gebiet auch weniger Anpassungsschwierigkeiten haben.
Andererseits sagt der Volksmund aber auch: "Gegensätze ziehen sich an", was in einer Partnerschaft häufig Anpassungsprobleme, Reibereien und Konflikte zur Folge hat, dafür aber größere Möglichkeiten gegenseitiger Ergänzung und Erweiterungen schafft. Für den Umgang miteinander kann die Auseinandersetzung mit den eigenen Analyse-Ergebnissen und denen des Partners in jedem Fall viele hilfreiche Impulse geben.
Um nur einige Aspekte zu nennen: In der Regel erhöht sich insbesondere das gegenseitige Verständnis sowie die gegenseitige Toleranz und Akzeptanz. Konflikte können oft reduziert und verletzungsfreier ausgetragen werden. Mißverständnisse und selbstgerechtes Verhalten nehmen oft ebenfalls ab.

● Kindererziehung

Kinder und Jugendliche sind laut, aktiv, lebhaft, unruhig, unternehmungslustig und dergleichen mehr. Was scheint also naheliegender, als Kindern und Jugendlichen eine generelle Dominanz des ALPHA-Faktors zu unterstellen, die sich erst im Erwachsenenalter mehr oder weniger verliert.
In Wirklichkeit ist die Sache jedoch keinesfalls so einfach. Auch wenn in der Regel die Ausprägung der ALPHA-Komponente über die Jahrzehnte hinweg etwas abnimmt, dürften sich die Prozentsätze der Kinder und Jugendlichen mit dominantem, korrigiertem

ALPHA-, BETA- oder GAMMA-Faktor in etwa die Waage halten. Demnach wäre es grundfalsch, alle Kinder oder Jugendliche über einen Kamm zu scheren, obwohl es Eltern und Lehrer immer wieder tun, wie es in den folgenden Allgemeinplätzen zum Ausdruck kommt:

- "Kinder müssen sich austoben."
- "Ein Kind muß viel an die frische Luft."
- "Ein Kind braucht viel Bewegung."
- "Ein junger Mensch sollte viel Sport treiben und nicht immer vor dem Computer sitzen."

  usw.

Kaum auszudenken, wieviel Frust, Ärger, Konfliktpotential etc. zwischen Eltern und ihren Kindern sowie zwischen Lehrern und Schülern - jeweils auf beiden Seiten - und wieviel Entwicklungsbehinderungen für die Kinder vermieden werden könnten, wenn Kinder und Jugendliche persönlichkeitsgerecht behandelt und gefördert würden!

● Mitarbeiterführung

Erfahrungsgemäß sollte ein Mitarbeiter mit stark dominierendem GAMMA-Faktor anders eingesetzt werden als einer mit dominierendem ALPHA- oder BETA-Faktor oder jemand, bei dem die drei Komponenten ähnliche Werte aufweisen.

Allein aufgrund der Menschenkenntnis, die Sie durch das dargestellte Persönlichkeits-Modell der PSA erworben haben, wissen Sie zum Beispiel:

Der Erste arbeitet wahrscheinlich gerne alleine und ist meist für Arbeiten gut geeignet, die Genauigkeit und Zuverlässigkeit erfor-

dern. Dem zweiten sollte man eher Aufgaben übertragen, bei denen es mehr auf Initiative und Durchsetzungsstärke als auf Gewissenhaftigkeit und Diplomatie ankommt. Der dritte besitzt spezielle Talente im Umgang mit anderen, die nicht nur im Kundenkontakt von großem Vorteil sind. Und jener mit einer in etwa gleichen Verteilung der Komponenten ist am besten dort einzusetzen, wo hohe Flexibilität erforderlich ist.
Bezüglich der Führung von Mitarbeitern, schrieb einmal ein kluger Kollege, sei nichts schwerer als die Gleichbehandlung ungleicher Menschen. Und man könnte hinzufügen: Diese schwierige Aufgabe ist erheblich besser und leichter zu bewältigen, wenn die Vorgesetzten ausreichende Menschenkenntnis besitzen, wie sie auf der Basis von PSA und PST gewonnen werden kann.
Überlegen Sie selbst, wie eine Führungskraft mit eindeutiger ALPHA-, BETA- oder GAMMA-Dominanz einen Mitarbeiter mit der gleichen oder einer anderen Komponenten-Dominanz empfindet und beurteilt.

● Umgang mit Vorgesetzten

Hat man einen Vorgesetzten mit eindeutiger BETA-Dominanz, wird man in der Regel gut, zumindest neutral mit ihm auskommen. Menschen mit hohem ALPHA- oder GAMMA-Faktor empfinden "BETA-Typen" allerdings häufig als ein wenig "lahm" und langsam.
Besitzt man selbst einen hohen ALPHA-Faktor und ist der oder die Vorgesetzte ein "GAMMA-Typ", der sich beispielsweise durch Pedanterie, penibles Einhalten von Vorschriften und hohe Kritikempfindlichkeit auszeichnet, wird man große Schwierigkeiten

haben und möglicherweise schlechte Beurteilungen erhalten, falls es einem nicht gelingt, die Art des Vorgesetzten zu akzeptieren und dessen Bedürfnissen nach Kontrolle, Genauigkeit und Planung entgegenzukommen.
Handelt es sich jedoch um einen souveränen und selbstsicheren Vorgesetzten mit hohem GAMMA-Faktor, besteht eine gute Chance, daß ein Mitarbeiter mit ALPHA-Dominanz als wertvolles Pendant empfunden wird.

In der folgenden Tabelle haben die Zeichen "- 0 +" folgende Bedeutung:

-	**=**	**eher negative Beziehung**
0	**=**	**neutrale Beziehung**
+	**=**	**eher positive Beziehung**
- / 0	**=**	**neutrale oder eher negative Beziehung**
0 / +	**=**	**neutrale oder eher positive Beziehung**

	Vorgesetzter mit		
Mitarbeiter mit	**ALPHA-Dominanz**	**BETA-Dominanz**	**GAMMA-Dominanz**
ALPHA Dominanz	+	0 / +	- / 0
BETA Dominanz	0 / +	+	0 / +
GAMMA Dominanz	- / 0	0 / +	+

Überlegen Sie selbst, welche konkreten Auswirkungen die verschiedenen Beziehungs-Strukturen zwischen Vorgesetzten und Mitarbeitern (in welchen Situationen) häufig für die eine oder andere Seite mit sich bringen!

● Projektgruppen

Die Vorteile einer fundierten Menschenkenntnis bei der Zusammenstellung einer Projektgruppe sind so augenscheinlich, daß ich hierüber nur wenige Worte verlieren möchte.
Projektgruppen werden in Hinblick auf die Bewältigung einer bestimmten Aufgabe gebildet.
Eine fundierte Menschenkenntnis, wie sie die PSA und mehr noch der PST vermitteln, erleichtert das Finden richtiger Antworten auf wichtige Fragen wie:

- Welche Komponenten-Eigenschaften sind für die Aufgaben-bewältigung eher von Vorteil?
- Welche sind eher von Nachteil?
- Sollten die Mitglieder der Gruppe möglichst ähnliche oder unähnliche Komponenten-Verteilungen besitzen?
- Welche Komponenten-Verteilung sollte der Projektgruppenleiter haben?

● Teamarbeit

Ich möchte nicht auf die Frage "Wer kommt mit wem eher in einem Team aus, und wer bekommt mit wem eher Schwierigkeiten?" eingehen, da sich hierauf Antworten aus den obigen Abschnitten ableiten lassen.
Gerade in der Anfangsphase einer längerfristigen Teamarbeit kommt es häufig zu Spannungen und Reibereien, denen man mit

sogenannten Teambildungsmaßnahmen zu begegnen versucht. Die zentrale Aufgabe derartiger Maßnahmen ist es, gegenseitiges Verständnis und Toleranz für die Andersartigkeit jedes Teammitglieds zu wecken, um auf dieser Basis gemeinsam Lösungswege für eine optimale Zielerreichung und entstehende Konflikte zu suchen.
Was könnte hierfür dienlicher sein, als die Durchführung eines PSA- oder PST-Trainings für das gesamte Team unter kompetenter Anleitung.

● Bewerberauswahl

Immer noch werden Selbsteinschätzungs-Methoden bei der Einstellung von Mitarbeitern in viel zu unkritischer Weise eingesetzt. Hat ein Bewerber bestimmte Vorstellungen davon, welche Persönlichkeits-Eigenschaften für den angestrebten Posten von Vorteil bzw. von Nachteil seien, könnte er die Selbsteinschätzungen in der als wünschenswert erachteten Richtung bewußt verfälschen. Selbst wenn der Bewerber gewillt ist, ehrlich zu antworten, verfälscht er meist unbewußt die Antworten.
Nur dann, wenn Bewerber keinerlei Präferenzen seitens eines Unternehmens für die in der Selbsteinschätzung erfaßten Eigenschaften vermuten, kann das Analyse-Ergebnis als bare Münze genommen werden. Aber selbst dann erfährt man nur, wie sich Bewerber selbst sehen, und nicht, wie sie tatsächlich sind!
Daher liefern Selbsteinschätzungen ohne die Kenntnis der Vermutungen eines Bewerbers sehr fragwürdige, um nicht zu sagen wertlose Ergebnisse.
Dieser Tatbestand, der das "Aus" für nicht objektive - das heißt von der Testperson in einer gewünschten Richtung bewußt beeinfluß-

bare - Selbsteinschätzungs-Verfahren für fundierte Personal-Entscheidungen bedeutet, ließ mich nicht ruhen, um nach Auswegen aus dem Dilemma zu suchen. Es scheint welche zu geben:

1) Anstatt die Bewerber anzuhalten, sich selbst ehrlich einzuschätzen, sollen sie sich in ihren Antworten so darstellen, wie es für den Erhalt des Postens ihrer Meinung nach am besten wäre. Die Bewerber dürfen und sollen sogar schwindeln; entscheidend ist, sich so darzustellen, wie es ihrer Meinung nach für den angestrebten Posten am besten ist.
   Dadurch erfährt man zwar nicht, wie Bewerber sich selbst sehen, aber man erfährt, welche Persönlichkeits-Eigenschaften aus Bewerbersicht ein Innehaber des angestrebten Postens haben sollte.
   Diese Information ist zuverlässig und kann eine wertvolle Hilfe bei der Bewerber-Beurteilung sein!

2) Derzeit untersuche ich noch die weiterführende Frage, unter welchen Umständen es möglich sein könnte, aus Selbsteinschätzungen, in denen man sich als geeignet für den angestrebten Posten darstellen soll, Rückschlüsse auf die tatsächlichen Eigenschaften der Testperson zu ziehen.
   Für noch wichtiger, als die Antwort auf diese Frage zu finden, erachte ich jedoch die Diskussion des damit verbundenen ethischen Problems: Ist es überhaupt moralisch vertretbar, und wenn ja, unter welchen Umständen, Bewerber mit derart raffinierten Methoden zu durchleuchten?
   Noch habe ich auf beide Fragen keine eindeutigen Antworten gefunden, die es möglicherweise auch gar nicht gibt.

● Kreativitäts- und Leistungssteigerung

Kreativität ist nicht Genialität. Nicht jeder kann ein Genie werden, aber kreativ sein kann jeder. Viele, ja die meisten haben eine falsche, nämlich eine überhöhte Vorstellung von Kreativität und glauben deshalb, über keine kreative Fähigkeiten zu verfügen. Folge dieser selbsterfüllenden Prophezeiung ist, daß nur wenige um ihr eigenes Kreativitätspotential wissen und es nutzen. Selbstkenntnis wie sie PSA und PST vermitteln, ist eine wertvolle Hilfe für den Gebrauch und die Erweiterung des eigenen Kreativitätspotentials.

Jeder Mensch besitzt mehr oder weniger spezielle Begabungen, die oft in enger Beziehung zu seiner Persönlichkeits-Struktur stehen.

Solche scheinbar trivialen Begabungen können sein:
Kontakte zu schließen, Pläne auszuarbeiten, Gedichte zu schreiben, zu zeichnen und zu malen, zu basteln, zu singen, zu tanzen, zu kochen, Geschichten zu erzählen, mit dem Computer zu arbeiten, Basketball zu spielen, eine Wohnung einzurichten, Kleider zu entwerfen, Stimmen zu imitieren, Witze zu erzählen, mit Babies, Kindern, Kranken, Alten, Pflanzen, Tieren richtig umzugehen, und so weiter und so fort. In der Regel werden diese persönlichen Begabungen und Talente jedoch viel zu selten genützt und gefördert, um in kreative Leistungen zu münden!

Zur Steigerung gemeinsamer kreativer Leistungen im Privat- wie im Berufsbereich sind PST und PSA besonders förderlich. Beide Instrumente lassen die Persönlichkeitsunterschiede von Menschen als wertvolle Ergänzung und enorme Chance begreifen. Erfahrungen in deutschen und ausländischen Unternehmen lehren: Erst wenn wir gelernt haben, in der Zusammenarbeit die Verschiedenheiten von Menschen nicht mehr primär als störend und lästig zu erachten und zu empfinden, ist der Weg frei für oft ungeahnte Synergieeffekte und erstaunliche Steigerungen des gemeinsamen Kreativitätspotentials sowie der gemeinsamen Leistungsfähigkeit!

Sonstige Anwendungsfelder

Wichtige Anwendungsfelder ergeben sich somit für eine Reihe von Fachgebieten bzw. Fachleuten wie:

- Managementtrainer
  (für Führungsverhalten, Kommunikationsverhalten, Konfliktmanagement, Persönlichkeitsentwicklung, Teamtraining etc.)
- Unternehmensberater
- Verkaufstrainer
- Verkäufer
- Schulpsychologen
- Erziehungsberater
- Partnerschaftsberater und -therapeuten
- Psychotherapeuten
- Ärzte
- in Sozialberufen Tätigen
- für das Coaching

und viele andere

Die wichtigste Anwendung

Der größte, allgemeine Vorteil einer verbesserten Selbst- und Menschenkenntnis aufgrund der PSA und des PST besteht in dem wachsenden Verstehen und Annehmen der persönlichen Eigenarten wie der anderer Menschen. Man lernt die Andersartigkeit des anderen primär als Positivum, als schätzenswerte Ergänzung zu begreifen und nicht primär als Negativum, als störenden Widerpart zu sehen. Eine Verbesserung der persönlichen Lebensqualität, der zwischenmenschlichen Beziehungen, der Leistungsfähigkeit und Kreativität sind die erfreuliche und oft unausweichliche Folge.

Als Ergebnis sehen wir:
- wachsendes Verständnis,
- zunnehmende Toleranz sowie Akzeptanz,
- verbesserte Kommunikation,
- weniger Konflikte und
- die Freisetzung individueller Kreativität sowie gemeinsamer Kreativität durch Synergie.

Keine Frage, daß hiervon jegliches Zusammensein von Menschen profitieren kann, gleich ob als:

- Lebenspartner,
- Eltern und Kinder,
- Lehrer und Schüler,
- Arbeitskollegen,
- Vorgesetzte und Mitarbeiter,
- Verkäufer und Kunden,
- Arzt und Patient oder
- Verhandlungspartner im In- und Ausland

usw.

Wenn bereits aus der bloßen Beachtung der Komponenten-Konstellationen diese und weitere Zusammenhänge ableitbar sind, können Sie ermessen, welches Erkenntnispotential das Wissen um die konkreten Ausprägungen einzelner oder gar aller 18 Unterfaktoren einem versierten PSA- und PST-Trainer zur Verfügung stellt.

Nachwort des Herausgebers

Verlag und Herausgeber freuen sich, mit dem vorliegenden GABAL-Band, der Gegenstand des GABAL-Symposiums 1992 ist, in neuer Form (Hardcover und 4-farbig) ein innovatives und bahnbrechendes Instrument der Persönlichkeits-Analyse - die PSA - vorstellen zu können.

Vor 10 Jahren haben wir - als Dokumentation des 2. GABAL-Symposiums - unseren GABAL-Band 4 vorgelegt: Führungserfolg durch Selbsterkenntnis - Das Struktogramm als Instrument der Persönlichkeits-Analyse. Die von dem Herausgeber initiierte "Deutsche Struktogramm-Zentrale - DSZ" (Speyer) - hat in enger Zusammenarbeit mit GABAL das sog. Struktogramm in der Wirtschaft bekannt gemacht, insbesondere durch den o.g. Bd. 4 sowie Bd. 11 der GABAL-Schriften "Struktogramm-Analyse" (Hardy Wagner). Beide Schriften werden nicht mehr aufgelegt.

Denn inzwischen hat der Autor, Diplom-Psychologe Dr. Joern J. Bambeck, mit der wissenschaftlich abgesicherten PSA ein Instrument der Persönlichkeits-Analyse vorgelegt, das im Vergleich zu anderen Instrumenten mit ähnlicher Zielsetzung verschiedene, teilweise einmalige Besonderheiten aufweist:

Ein besonderer Vorteil der auf dem PST (Persönlichkeits-Struktur-Test) aufbauenden PSA ist - worauf der international bekannte Experte, Prof. Dr. Dr. Dr. Brengelmann, in seinem Geleitwort zum vorliegenden Buch ausdrücklich hinweist - in Bambecks neuartiger Korrektur-Methode zu sehen, die neben das häufig verzerrte Eigenbild eines Menschen ein angenähert wahres Bild seiner Persönlichkeit stellt.

Für die Praxis und den Erkenntniswert des Instruments von hoher Bedeutung ist auch die Aufteilung der 3 auf empirisch ermittelten

Eigenschaftsbündeln basierenden Hauptfaktoren oder Persönlichkeits-Komponenten in jeweils 6 Unterfaktoren, deren Stärke (Ladung) durchaus von der des Hauptfaktors abweichen kann, wie der Autor überzeugend - insbesondere im Hinblick auf die Gefahren undifferenzierter Methoden - nachgewiesen hat. Im Rahmen der PSA wird sowohl die Stärke von jeweils zwei - also insgesamt sechs - Unterfaktoren als auch die Stärke der Hauptfaktoren ermittelt, letztere als Durchschnittswerte, wie sie andere Modelle als einziges Ergebnis darstellen. Die damit gegebene erheblich größere "Tiefenschärfe" der Analyse bietet die Chance, konkrete Erfahrungen - die scheinbar nicht mit der globalen Aussage übereinstimmen - besser auf dem Hintergrund dominanter Eigenschaftsbündel zu verstehen und zu akzeptieren.
Bei der Beurteilung der Qualität der PSA spielt nicht zuletzt der Nachweis der teststatistischen Absicherung eine wichtige Rolle, wobei nicht nur Psychologen auf diese essentielle wissenschaftliche Grundlage großen Wert legen; auch in Personal-Abteilungen von Unternehmen, in seriösen Bildungs- und Weiterbildungs-Einrichtungen einschließlich staatlicher Institutionen - z.B. der Arbeitsverwaltung - wird hierauf mit Recht zunehmend geachtet. Damit ist für PSA und PST der Weg offen, in kurzer Zeit *die* maßgebenden Instrumente der Persönlichkeits-Analyse zu werden.
Der vorliegende GABAL-Band ist zugleich das authentische Analyse-Material, das in Seminaren kompetenter und autorisierter Trainer eingesetzt wird. Während die früheren GABAL-Bände 4 und 11 lediglich das Instrument Struktogramm - das nur in Seminaren erhältlich war und ist - beschrieben haben, sind im vorliegenden GABAL-Band zugleich die Analyse-Items der PSA einschließlich Anleitung zur Durchführung und die Interpretation vollständig

enthalten. *Jeder Leser ist damit in der Lage, seine eigene Analyse durchzuführen.* In Seminaren ist darüber hinaus eine noch genauere und erweiterte Anwendung der Instrumente möglich sowie eine Vertiefung der komplexen Zusammenhänge, verbunden mit zusätzlichen Erkenntnissen. (vgl. S. 137 ff.)
Hierdurch rechtfertigt sich die Empfehlung der gemeinnützigen GABAL, in das von ihr entwickelte Konzept STUFE - STUdium Fundamentale et Efficiens - die PSA als grundlegenden Baustein einzubauen. Da mit STUFE künftig in möglichst vielen, nicht zuletzt auch staatlichen Bildungs-Einrichtungen die Basis für erfolgreiches Lernen und Arbeiten geschaffen werden soll, kommt hierfür nur ein Instrument mit besonders günstiger Preis-Leistungs-Relation und zugleich hohem Qualitäts-Standard in Betracht, mit u. a. nachweisbarer wissenschaftlicher Absicherung. Und genau diesen Ansprüchen genügt die PSA.
Verlag und Herausgeber wünschen, daß der neue GABAL-Band eine weite Verbreitung finden und vielen Menschen helfen möge, mehr über sich selbst, die eigenen Potentiale zu erfahren, besseren Zugang zu anderen Menschen und deren unterschiedlichen Strukturen zu gewinnen und damit zufriedener und erfolgreicher zu werden. Mit der Publikation der bahnbrechenden PSA möchten wir einen weiteren Beitrag leisten zur Förderung der Persönlichkeits- Personal- und Organisations-Entwicklung.
Wir - Verlag und Herausgeber - danken dem Autor für die hervorragende Arbeit und die Mühe kontinuierlicher Verbesserungen. Frau Susanne Meyer danken wir für die Umsetzung des Textes in ein ansprechendes Layout und für die kooperative, angenehme und effektive Zusammenarbeit.

Prof. Dr. Hardy Wagner

ANHANG

A) Die GPA (Gesellschaft für angewandte Persönlichkeits-Analyse)

B) Zur Vorgeschichte von PSA und PST

C) Zur Entwicklung von PSA und PST

D) Gemeinsamkeiten und Unterschiede zwischen PSA und PST

E) Zum Korrektur-Verfahren

Anhang A

Die Gesellschaft für angewandte Persönlichkeits-Analysen (GPA)

Wer ist die GPA? - Welchen Zwecken dient sie?

Die GPA - Gesellschaft für angewandte Persönlichkeits-Analyse - ist eine Institution, die der Entwicklung, Förderung und Umsetzung wissenschaftlich abgesicherter und praktikabler Instrumente der Analyse der Persönlichkeit dient. Zunächst stehen der GPA hierfür exklusiv die PSA (Persönlichkeits-Struktur-Analyse) und der PST (Persönlichkeits-Struktur-Test) als zwei hervorragende Analyse-, Trainings- und Beratungs-Instrumente zur Verfügung.
Partner der GPA sind selbständige Trainer und Unternehmen - vom Großunternehmen und Konzern bis hin zu mittelständischen Unternehmen und Selbständigen - sowie deren Abteilungen für Personal- und Organisations-Entwicklung mit den dort tätigen Trainern und Weiterbildungs-Beauftragten. Partner sind somit nicht nur die unmittelbaren Anwender, sondern auch Trainings-, Beratungs-Therapie sowie Bildungs-Einrichtungen, insbesondere jene Einrichtungen, welche die grundlegende Bedeutung einer seriösen Persönlichkeits-Analyse als Grundlage für den persönlichen und unternehmerischen Erfolg und auch für die psychophysische Gesundheit eines jeden nicht nur erkannt haben, sondern auch bereit sind, dieser Erkenntnis in ihren Curricula und Seminar-Bausteinen Rechnung zu tragen.

Wie erfolgt die Umsetzung?

Im Gegensatz zu anderen Institutionen, die solche Analyse- und Trainings-Instrumente ausschließlich über eine Trainings-Organisation "vermarkten", stehen die Instrumente PSA und PST jedem interessierten Menschen über die kooperierenden Verlage - GABAL-Verlag (PSA) und Wirtschaftsverlag Langen Müller / Herbig (PST) - bzw. über den Buchhandel zur Verfügung.
Die bisherige Erfahrung zeigt jedoch, daß die Nutzung der Erkenntnisse weitaus größer sein kann, wenn die Analyse nicht nur "im stillen Kämmerlein", sondern im Team, in der Gruppe, unter der kompetenten Leitung eines autorisierten Trainers erfolgt. Deshalb bietet die GPA sowohl offene Seminare für jedermann als auch Seminare für Gruppen und Firmen, sog. Inhouse-Trainings, an.

Der erhebliche Bedarf kann jedoch auf diesem Wege mit Sicherheit nicht gedeckt werden, weshalb es der Unterstützung von freiberuflichen Trainern und von Trainings-Instituten bedarf, die flächendeckend offene Seminare und auch Inhouse-Trainings für Dritte anzubieten in der Lage sind. Nicht zuletzt wird zudem interessierten Unternehmen und Organisationen die Möglichkeit geboten, firmeninterne Trainer - auch unter wirtschaftlichem Aspekt - qualifizieren zu lassen, um solche Inhouse-Trainings in eigener Regie durchführen zu können.

Ausbildung zum autorisierten Trainer und Mastertrainer

Es hat sich aufgrund langjähriger Erfahrungen ein mehrstufiges Ausbildungs-Programm als besonders zweckmäßig herausgestellt:

I. Ausbildung zum Trainer (GPA)
1. Stufe: PSA-Anwender-Seminar (Leitung Lehrtrainer)
2. Stufe: PSA-Trainer-Seminar (Leitung Lehrtrainer)
Auf Wunsch: Hospitant bei einem PSA-Anwender-Seminar
3. Stufe: Durchführung eines PSA-Anwender-Seminars (Supervision Lehr-Trainer)

II. Weiterbildung zum Master-Trainer (GPA)
4. Stufe: PST-Trainer-Seminar (Leitung Lehrtrainer)
5. Stufe: Durchführung eines PST-Anwender-Seminars (Supervision Lehrtrainer)

Erläuterungen zu den Ausbildungsstufen:

(1) Die eigene Seminarteilnahme ist die erste Voraussetzung, daß jeder potentielle Trainer selbst das Konzept, das er später trainieren möchte, als Nutzer und unmittelbarer Teilnehmer erlebt. Diese Stufe stellt sozusagen eine Seminar-Teilnahme und das Kennenlernen des Konzeptes aus der Frosch-Perspektive dar.

(2) Der nächste Baustein stellt die Teilnahme an einem PSA-Trainer-Seminar, einem Train-the-Trainer-Seminar, dar, in dem sowohl der Seminar-Ablauf als auch der Trainer-Leitfaden und seine Inhalte - Folien und Teilnehmer-Unterlagen - sowie die PC-Auswertung der PSA näher erläutert werden. Darüber hinaus wird der wissenschaftliche Hintergrund von PSA und PST,

auch im Vergleich mit anderen Instrumenten, dargestellt sowie alle offenene Teilnehmer-Fragen besprochen und geklärt.
Hieran kann sich auf Wunsch eine Seminar-Teilnahme aus der Vogel-Perspektive anschließen. Dieses PSA-Anwender-Seminar, dem der zukünftige Trainer als Hospitant beiwohnt, gibt ihm/ihr die Gelegenheit, das Verhalten sowohl der Seminar-Teilnehmer als auch des Seminar-Leiters zu beobachten und zu erleben. Vor allem können auf dieser "Meta-Ebene" durch Distanz, Analyse und Reflexion sowohl der Aufbau als auch der Ablauf des Seminars besser nachvollzogen werden. Während und nach einem solchen Seminar kann der künftige Trainer auftauchende Fragen zur Seminar-Gestaltung, zu Teilnehmer-Reaktionen u. a. m. mit dem Seminar-Leiter besprechen.

(3) An die ersten beiden Stufen und eine eventuelle Hospitierung schließt sich das erste eigene Seminar des zukünftigen Trainers an, dem ein Lehrtrainer als Supervisor beiwohnt. Bei Bedarf kann vor dieser Stufe noch ein Team-Teaching erfolgen, in welchem der künftige Trainer als Co-Trainer fungiert und einzelne Teile eines PSA-Anwender-Seminars gestaltet.
Nach erfolgreicher Durchführung eines eigenen PSA-Seminars wird der Ausbildungskandidat als "Autorisierter GPA-Trainer" bestätigt.

Die Weiterbildung zum Mastertrainer erfolgt über die Stufen:

(4) Teilnahme an einem PST-Trainer-Seminar
inkl. der PC-Auswertung des PST (Leitung Lehrtrainer)
Auf Wunsch: Hospitation bei einem PST-Anwender-Seminar

(5) Die erfolgreiche Durchführung eines eigenen PST-Seminars
(Supervision Lehrtherapeut) schließt die Weiterbildung ab.

GPA-Trainer und -Mastertrainer, die diese Stufen mit Erfolg durchlaufen haben, bieten die nachgewiesene Voraussetzung, das PSA- und PST-Wissen kompetent anwenden und weitergeben zu können. Durch diese Qualität der Trainer-Ausbildung unterscheidet sich die GPA von den meisten Organisationen, die ähnliche Zwecke verfolgen.
GPA-Trainer und -Mastertrainer mit den genannten Voraussetzungen werden durch eine Urkunde legitimiert, sich als "Autorisierter GPA-Trainer" bzw. "GPA-Mastertrainer" zu bezeichnen und selbst Zertifikate für ihre Seminar-Teilnehmer ausstellen zu dürfen.
Sie werden in einer Liste der autorisierten GPA-Trainer und -Mastertrainer aufgeführt, die Interessenten an einem GPA-Training oder einer GPA-Beratung zur Verfügung gestellt wird.

Leistungen der GPA

Autorisierten Trainern und Mastertrainern wird im Rahmen des mehrstufigen Ausbildungs-Programms das in vielen Jahren gesammelte PSA- und PST-Wissen zur Verfügung gestellt. Der Know-how-Transfer wird durch Aktualisierungen der Unterlagen und durch Veranstaltungen zum Erfahrungsaustausch - in sog. ERFA-Kreisen - fortgesetzt.
Die laufende Partizipation am Know-how-Fluß erfolgt durch kontinuierliche Informationen, durch etwaige Ergänzungen und Änderungen des Trainer-Leitfadens - aufgrund neuer wissenschaftlicher Erkenntnisse und Weiterentwicklung der Instrumente - und durch Teilnahme an ERFA-Veranstaltungen.

Kosten der Autorisierung

Im Gegensatz zu anderen Organisationen mit ähnlicher Zielsetzung wird für die Autorisierung zum GPA-Trainer und -Mastertrainer keine Lizenz-Gebühr erhoben.
Für die Einweisung der Trainer und den Kauf des Trainer-Materials fallen Kosten wie folgt an:
Die Seminar-Gebühren orientieren sich an den jeweils aktuellen Marktbedingungen, derzeit ca. 600 DM je Seminartag (inkl. Original-Analysematerial, 3-Gang-Menü und Pausen-Getränke).
Für Hospitationen gilt der gleiche Satz. Für Trainer-Seminare wird ein entsprechend höherer Betrag berechnet. Die PSA- und die PST-Train-the-Trainer-Seminare werden jeweils zweistufig angeboten: einerseits die Einweisung in das Seminar-Konzept und andererseits die Einweisung in das PC-Programm.
Autorisierte Trainer können einen PSA-Leitfaden erwerben; für PST-Trainer wird hierzu eine Ergänzung geliefert. Für beide Unterlagen erfolgen Aktualisierungen zu einem preisgünstigen Abo-Preis.
Autorisierte Trainer können ferner die PC-Programme für PSA- und PST-Auswertungen erwerben.
Für die Supervision sowie für eine Beteiligung als Cotrainer stellt der Lehr- oder Mastertrainer sein übliches Tageshonorar in Rechnung; die Konditionen werden jeweils individuell vereinbart.
Interessenten an PSA- und PST-Seminaren sowie an der Ausbildung zum GPA-Trainer oder -Mastertrainer erhalten weitere Auskünfte über:

GPA c/o · Forschungsinstitut für Angewandte Betriebswirtschaft an der FH Rheinland-Pfalz · Dudenhofer Str. 46 · D-6720 Speyer · Tel. 0 62 32 / 96 67 · Fax 0 62 32 / 9 86 09
oder
GPA c./o. Institut für Verhaltensmodifikation · Dr. Bambeck / Dr. Wolters · Jakob-Klar-Str. 9 · D-8000 München 40 · Tel. 0 89 / 2 71 65 63 · Fax 0 89 / 2 71 65 64

ANHANG B

Zur Vorgeschichte von PSA und PST

Unsere neuzeitlichen Konstitutionstypologien gehen auf zwei berühmte Ärzte des Altertums zurück: auf *Hippokrates von Kos* (ca. 460-375 v. Chr.) und vor allem auf *Galen* (129-199 v.Chr.).
Diese Biotypologie mit zwei Körperbau-Typen (lang-dünn und kurz-dick) und den vier klassischen Temperamentstypen (Choleriker, Sanguiniker, Phlegmatiker, Melancholiker) behauptete sich so gut wie unverändert über mehr als 2000 Jahre. Durch den berühmten Philosophen *I. Kant* (1724 - 1804), der diese Lehre übernahm, wurde sie bis zum Ende des 19. Jahrhunderts offizielle Doktrin.
Wesentliches Merkmal dieser Biotypologie war ihr kategorialer Charakter; das heißt: Eine Person konnte nur eine der vier Körpereigenschaften ("Blütigkeit") besitzen und damit auch nur eines der vier Temperamente. Dennoch deutet sich bereits bei Kant die Möglichkeit einer dimensionalen Sichtweise in seinen beiden körperlichen Eigenschaften der Leicht- oder Schwerblütigkeit sowie der Warm- oder Kaltblütigkeit an.

Von HALLE bis SHELDON

Der Franzose *J.N. Hallé* soll der erste gewesen sein, der - obgleich der klassischen kategorialen Sichtweise verhaftet - 1797 aus der Zweiteilung der ursprünglichen Körperbautypen - bei ihm "Kephaler" und "Abdominaler Typus" genannt - durch Hinzufügen eines "Muskulären Typus" eine Dreiteilung kreierte. Bekannter geworden ist jedoch die Konstitutionstypologie von *L.L. Rostand*, "der (1828) gemäß der jeweiligen Dominanz erscheinungsmäßig gegebener und mit seelischen Eigenschaften korrelierender körperbaulicher Merkmale, einen cerebralen, einen muskulären und einen digestiven Typus herausstellte". (Pädagogisches Lexikon 1970, Bd.2, S.98).
Hallé wäre demnach der Vater der bald ins Kraut schießenden modernen Konstitutionstypologien. In einem älteren Psychologielexikon (Dorsch 1970, S.232) werden 33 der bekannteren neuzeitlichen Körperbautypologien angeführt, von denen lediglich 30 Prozent eine Zweiteilung bevorzugen, hingegen 70 Prozent eine Dreiteilung, wie die bekannten Kretschmer-Typen (leptosom, pyknisch, athletisch).
Hintergrund all dieser Biotypologien war das Bestreben, mit ihrer Hilfe auf Charaktereigenschaften und Krankheitsanfälligkeiten schließen zu können.

Inzwischen weiß man, daß keine dieser Konstitutionstypologien - im streng kategorialen Sinn - ihrem Anspruch gerecht werden kann. Der Zusammenhang zwischen Körperbautyp und bestimmten Persönlichkeitsmerkmalen ist nur sehr gering. Die Korrelationskoeffizienten, als Maß für diesen Zusammenhang, liegen nur zwischen 0 und 0.2.

Der Amerikaner *W.H. Sheldon* versuchte Anfang der 40er Jahre, den Mißerfolg der kategorialen Sichtweise dadurch zu beseitigen, daß er drei Körperbaumerkmale unterschied. In Anlehnung an die drei Keimblätter sowie an die Kretschmersche Typologie bezeichnete er die Konstitutionsmerkmale mit endomorph (rundlich, pyknisch), mesomorph (eckig, athletisch) und ektomorph (schlank, leptosom).
Im Gegensatz zur kategorialen Auffassung formulierte er jedoch ein dimensionales 3-Komponenten-Modell. Es besagt, daß Menschen nicht einer der drei morphologischen Komponenten zugeordnet werden sollen, sondern aufgrund ihres individuellen Mischungsverhältnisses der Ausprägungsgrade aller drei Komponenten kategorisiert werden müssen. Hierdurch ermöglicht das Sheldon-Modell eine ungleich höhere Anzahl von "Typen" - genauer gesagt: Komponenten-Konstellationen (insgesamt 76) - und damit auch nach Sheldons Überzeugung eine erheblich genauere Zuordnung zwischen Konstitutionstyp und Temperament. Der mesomorphen Komponente ordnete er die Temperaments-Komponente "Somatotonie" zu, der endomorphen die "Viszerotonie" und der ektomorphen die "Zerebrotonie".

Sheldons drei Temperaments-Komponenten

SOMATOTONIE	VISZEROTONIE	ZEREBROTONIE
Tatkräftig	Entspannt	Zurückhaltend
Aktiv	Bequemlichkeit liebend	Soziale Ängste
Dominierend	Gutem Essen zugetan	Gehemmt
Bewegungsdrang	Zuwendungsbedürftig	Einzelgänger
Risikofreude	Guter Schlaf	Schlechter Schlaf
u.a	u.a.	u.a.

(Nach Sheldon/Stevens 1942, 1970)

So man will, läßt sich der Grundgedanke dieses 3-Komponenten-Modells ebenfalls bis ins alte Griechenland zurückverfolgen:
"Jedes Individuum", läßt Platon in seinem Werk "Der Staat" seinen Lehrer Sokrates sagen, "hat drei verschiedene Seelen: die erste dient dem vernünftigen Denken (Zerebrotonie), die zweite macht ihn furchtlos (Somatotonie), und die dritte läßt ihn Liebe, Nahrung und Wasser begehren (Viszerotonie)." (Crescenzo 1988, S.91, die Klammer-Begriffe wurden vom Autor eingefügt.)

Frau Dr. S. Klug verdanke ich den interessanten Hinweis, daß bereits die alte indische Medizin ein 3-Komponenten-Modell mit folgenden Konstitutions-Persönlichkeits-Komponenten entwickelt hat:"Pitta" (= mittlerer Körperbau mit aggressivem, reizbarem Temperament), "Kapha" (= schwerer Körperbau mit ruhigem, gierigem Temperament) und "Vata" (= dünner Körperbau mit ängstlichem, veränderlichem Temperament). Es ist deshalb ein 3-Komponenten-Ansatz, da es in einem Ayurweda-Heilbuch heißt: "Jeder Mensch ist eine Mischung aller drei Elemente, mit einer vorherrschenden Neigung zu einem oder mehreren Elementen hin" (Lad 1986, S.33). Man könnte im ersten Moment fast meinen, einen direkten Vorläufer von Sheldons 3-Komponenten-Modell vor sich zu haben. Doch ein genauerer Vergleich zeigt neben Übereinstimmungen auch eine Reihe erheblicher Unterschiede.
Sheldon, der dieses indische Persönlichkeits-Modell wahrscheinlich nicht kannte, forschte anfänglich nämlich intensiv nach vier Körper- und Temperaments-Dimensionen. Aber wie er seine Untersuchungsergebnisse auch drehte und wendete, es waren und blieben nur 3 physische und 3 psychische Komponenten. Sheldon glaubte auch, beeindruckende Korrelationen um .80 zwischen seinen konstitutionellen 3-Komponenten-Konstellationen - genannt "Somatotypen" - und bestimmten Temperaments-Komponenten zu finden (Sheldon/Stevens 1942). Eine Reihe von Wissenschaftlern bezweifelten jedoch die Richtigkeit seiner Untersuchungen und überprüften ihrerseits die behaupteten Zusammenhänge (Übersicht bei Hofstätter 1977). Die Ergebnisse waren ziemlich ernüchternd und bewegten sich im Rahmen der von Child (1950) gefundenen Korrelationen:

	KORRELATION
Mesomorphie-Somatotonie	0.38
Ektomorphie-Zerebrotonie	0.27
Endomorphie-Viszerotonie	0.19

Sheldons Eigenschaften-Zuordnung zu seinen 3 Temperaments-Komponenten fanden jedoch bis auf wenige bislang unbestätigte Zuordnungen sowohl durch diverse PST- und PSA-Untersuchungen als auch durch eine Untersuchung von M. Breiter weitgehende Bestätigung (Bambeck/Wolters 1985, Bambeck 1991, Breiter 1992).

R.W. Schirm verband in den 70er Jahren Sheldons Temperaments-Triade mit dem evolutionären Gehirnmodell von MacLean (1990), nach dem ein Mensch drei Gehirne bzw. ein "drei-einiges" Gehirn besitzt, in dem sich wesentliche Evolutionsphasen der Menschwerdung widerspiegeln. Hieraus kreierte er einen Persönlichkeits-Fragebogen mit zuerst 24 Items (Schirm 1977) und später mit 39 Items (1989). Schirm übernahm offensichtlich ungeprüft von Sheldon neben Inhalten der Temperaments-Triade (inklusive der bislang unbestätigten Zuordnungen) auch das 3-Komponenten-Modell und unterstellte als biologische Ursache der drei Persönlichkeits-Komponenten Gehirnaktivitäten in den drei von MacLean abgegrenzten Gehirnarealen.
Die von Schirm behauptete Beziehung zwischen Aktivitäten in bestimmten Gehirnbereichen und bestimmten Persönlichkeits-Merkmalen ist rein spekulativ und wurde bislang wissenschaftlich nicht untersucht, geschweige denn bestätigt. Sie ist sogar eher unwahrscheinlich, da z.B. Eysenck feststellte, daß sowohl hohe Emotionalität und Extraversions-Werte als auch hohe Neurotizismus-Werte, das heißt vornehmlich hohe ALPHA- und GAMMA-Werte, mit einer erhöhten Aktivität im Limbischen System einhergehen, also nicht nur erhöhte ROT-Werte, wie Schirm behauptet. (s. Eysenck/ Eysenck 1983, S.205).

Da für die Entwicklung und Weiterentwicklung der PSAund des PST ein anderer Zweig der Persönlichkeits-Forschung von noch größerer Relevanz war und ist, muß ich nochmals ins vergangene Jahrhundert zurückblenden.

Von WUNDT bis EYSENCK

W. Wundt, der Vater der deutschen Universitätspsychologie, war Ende des 19. Jahrhunderts meines Wissens der erste, der die bis dahin vertretene kategoriale Sichtweise durch eine dimensionale Sichtweise ersetzen wollte. So heißt es, höchst aufschlußreich, in der fünften Auflage seiner berühmten "Grundzüge der physiologischen Psychologie" von 1903:
"Die alte Unterscheidung der vier Temperamente, welche die Psychologie den medicinischen Theorien des Galen entlehnte, ist ... aus einer feinen psychologischen Beobachtung individueller Verschiedenheiten der Menschen entsprungen.

Sie hat darum auch heute ihre Brauchbarkeit nicht eingebüßt, wo jene Vorstellungen, aus denen einst die Namen des sanguinischen, melancholischen, cholerischen und phlegmatischen Temperamentes hervorgingen, längst beseitigt sind. Charakteristischer als diese Ausdrücke sind übrigens vielleicht die Verdeutschungen, die Kant gebraucht: leicht- und schwerblütig, warm- und kaltblütig. Die Vierteilung läßt sich rechtfertigen, insofern wir in dem individuellen Verhalten der Affecte zweierlei Gegensätze unterscheiden können: einen ersten, der sich auf die Stärke, und einen zweiten, der sich auf die Schnelligkeit des Wechsels der Gemütsbewegungen bezieht. Zu starken Affecten neigt der Choleriker und Melancholiker, zu schwachen der Sanguiniker und Phlegmatiker. Zu raschem Wechsel ist der Sanguiniker und Choleriker, zu langsamen der Melancholiker und Phlegmatiker disponirt." (Wundt 1903 Bd.III, S. 637 f.)
Kombiniert man die beiden Dimensionen der Gemütsbewegungen von Wundt mit den vier Hippokrates-Galen-Kant-Temperamenten ergibt sich folgendes Bild (aus Arnold/ Eysenck/Meili 1987, S.2372):

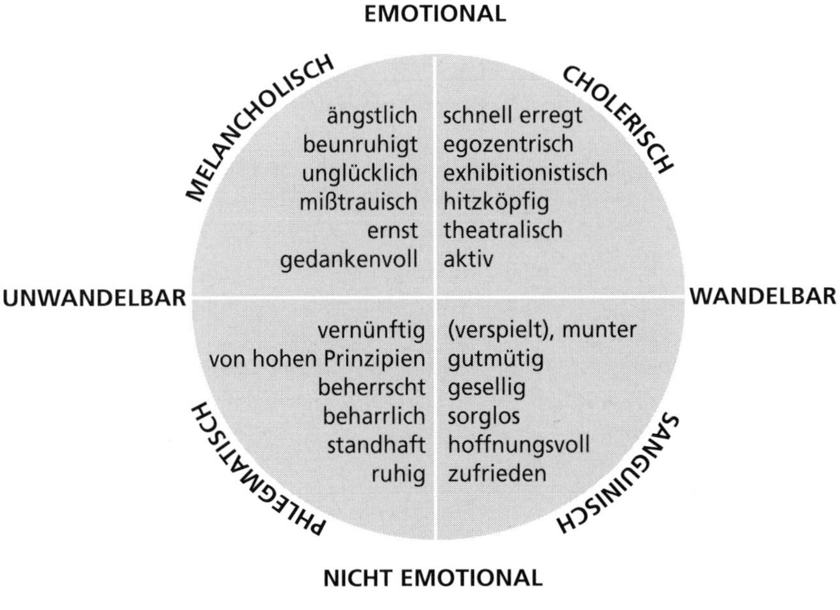

H.J. Eysenck, einer der bedeutendsten zeitgenössischen Persönlichkeits-Forscher, wiederholt fast Wundts Worte, wenn er zu diesem Kant-Wundt-Modell der klassischen 4-Temperamenten-Lehre bemerkt, daß es "mit erstaunlicher Treffsicherheit die zukünftige Entwicklung der Psychologie vorwegnahm, so daß es selbst nach mehreren Generationen noch brauchbar erscheint" (Eysenck 1987, S.49). Dies ist insofern erstaunlich, weil obiges Modell im wesentlichen durch faktorenanalytische Methoden bestätigt worden ist.
Aufbauend auf ersten rudimentären faktorenanalytischen Untersuchungen der beiden Wundtschen Dimensionen (Wandelbarkeit und Emotionalität) sowie auf dem Persönlichkeits-Modell und vor allem der Terminologie von C.G. Jung, aber auch von anderen, begann der in England wirkende H.J. Eysenck (wie Sheldon) Anfang der 40er Jahre mit der Entwicklung und den umfangreichen Untersuchungen zu seinem faktorenanalytisch und teststatistisch fundierten Persönlichkeits-Modell.
Die Ergebnisse seiner bald 50jährigen Arbeit auf dem Gebiet der Persönlichkeits-Forschung - sowie der Arbeit einiger seiner Mitarbeiter, insbesondere von S.B.G. Eysenck - und auch seine extensiven Analysen der Untersuchungen zu anderen Persönlichkeits-Modellen von so prominenten Persönlichkeitsforschern wie J. P. Guilford, R.B. Cattell, S.R. Hathaway und J.C. McKinley, H.G. Gough, A.L. Edwards, P.T. Costa und R.R. McCrae, führten ihn zu dem gleichen Ergebnis wie Sheldon:
Zur Erfassung der Persönlichkeit eines Menschen sind nicht mehr aber auch nicht weniger als drei Temperaments-Dimensionen (und die Intelligenz) erforderlich!
Die drei Persönlichkeits-Dimensionen, im Rahmen der Faktorenanalyse als "Faktoren höherer Ordnung" bezeichnet, nannte Eysenck:

Extraversion	~	(Wundts Wandelbarkeit, Sheldons Somatotonie)
Neurotizismus	~	(Wundts Emotionalität, Sheldons Zerebrotonie)
Psychotizismus	~	(Gegenteil von Sheldons Viszerotonie)

Diese 3 übergeordneten Dimensionen - im Rahmen der Faktorenanalyse als "Faktoren höherer Ordnung" bezeichnet - ergeben sich aus folgenden Persönlichkeits-Eigenschaften:

EXTRAVERSION	NEUROTIZISMUS	PSYCHOTIZISMUS
Gesellig	Ängstlich	Aggressiv
Lebhaft	Bedrückt	Kalt
Aktiv	Schuldgefühle	Egozentrisch
Sich behauptend	Geringe Selbstachtung	Unpersönlich
Sensationshungrig	Angespannt	Impulsiv
Dominierend	Irrational	Antisozial
Sorglos	Schüchtern	Uneinfühlsam
Aufgeschlossen	Launisch	Kreativ
Abenteuerlustig	Gefühlvoll	Hart(herzig)

(nach Eysenck/Eysenck 1987, S.16)

Ähnlichkeiten zwischen den drei klinisch geprägten Persönlichkeits-Komponenten von Eysenck sowie den nichtklinischen von Sheldon und mir sind natürlich nicht zufällig, aber dennoch ein wenig überraschend. Sie sind nämlich aus drei unabhängigen, zum Teil sehr unterschiedlichen faktorenanalytischen (in meinem Fall primär clusteranalytischen) Untersuchungen mit teilweise unterschiedlichen Item-Pools in drei verschiedenen Ländern und verschiedenen Zeiten hervorgegangen.

EYSENCK	SHELDON	BAMBECK
Extraversion	Somatotonie	Alpha-Faktor
Neurotizismus	Zerebrotonie	Gamma-Faktor
Anti-Psychotizismus	Viszerotonie	Beta-Faktor

ANHANG C:

Zur Entwicklung von PSA und PST

Der Bedarf an aussagekräftigen, allgemeinverständlichen und nicht auf den klinischen Bereich spezialisierten Persönlichkeits-Fragebögen - für Laienanwender, Managementtrainer, Personal-Verantwortliche, Veranstalter von Seminaren zur Persönlichkeits-Entwicklung, für Schulpsychologen, zum Selbstmanagement, Kommunikationstraining, Konfliktmanagement, zur Partnerberatung und -therapie, zum Coaching, zur Kindererziehung u.a.m. - ist groß und wird durch bereits existierende Instrumente nur unzureichend abgedeckt.
Der Grund hierfür ist leicht auszumachen: Entweder sind die Instrumente wissenschaftlich abgesichert, aber zu kompliziert in der Anwendung, oder sie sind leicht anwendbar, dafür jedoch wissenschaftlich unzureichend abgesichert und von fragwürdigem bis unseriösem Aussagewert.
Deshalb stellte ich mir die Aufgabe, ausgehend von meiner Kritik an spekulativen, aber auch an wissenschaftlichen Persönlichkeits-Fragebögen, ein praktikables und nach den Regeln der klassischen Teststatistik fundiertes Instrument zur Persönlichkeitsanalyse zu entwickeln.
Über das von Schirm verkürzte Sheldon-Modell stieß ich auf Sheldons umfang- und kenntnisreiche Temperaments-Forschung, die von hoher wissenschaftlicher Redlichkeit zeugt, jedoch mit einem entscheidenden Fehler behaftet ist, der zur Überschätzung des Zusammenhanges zwischen Körperbau und Temperament führte: Sheldon sah das, was er sehen wollte, weil er sowohl den Körperbau als auch das Temperament einer Person selbst beurteilte!
Des weiteren waren es vor allem die faktorenanalytisch fundierten Persönlichkeits-Modelle - von J.P. Guilford, mehr noch von R.B. Cattell, aber am stärksten von H.J. Eysenck -, die mir trotz ihrer Kontroversen, unterschiedlichen Methoden und Ergebnisse das von der wissenschaftlichen Methode her überzeugendste Fundament aufweisen. Ausgehend von der Kritik am alten Schirm-Fragebogen (Bambeck/Wolters 1985), begann ich Anfang der 80er Jahre mit der Entwicklung eines eigenen Persönlichkeits-Fragebogens, angeregt durch Sheldons und Eysencks Unterschiedlichkeiten wie Ähnlichkeiten, fusioniert mit meiner langjährigen Erfahrung als Psycho- und Lehrtherapeut, Universitätslehrer und Managementtrainer, unter Verwendung des wissenschaftlichen Arsenals multivariater Statistik-Verfahren sowie der klassischen teststatistischen Methoden.

Nach jahrelanger, mit vielen Schwierigkeiten gespickter Forschungsarbeit war es mir 1991 endlich möglich, den PST, den "großen Bruder" oder "Vater" der PSA, vorzustellen.
Die einzelnen Entwicklungsschritte, die vielen Probleme, die es zu überwinden galt, sowie die für Statistik-Laien komplizierten wissenschaftlich-statistischen Absicherungen des PST wie der PSA, möchte ich hier nicht wiederholen, da sie von interessierten Lesern in meinem PST-Buch nachgelesen werden können (s. Bambeck 1991).

Ist die Entwicklung des PST und der PSA damit abgeschlossen?

Keineswegs!
Obwohl sich beide Instrumente in der Praxis bewährt haben, scheinen sie in mancher Hinsicht noch verbesserungs- und ausbaufähig. Die Arbeit wird also fortgesetzt. Sobald Änderungen und Erweiterungen einer rigorosen Überprüfung standhalten und sobald ausreichend repräsentative PST- und PSA-Profile für beide Geschlechter, verschiedene Alters-, Berufs-, Funktionsbereiche etc. vorliegen - dies dauert natürlich seine Zeit - werden diese zukünftigen Ergebnisse den GPA-Trainern und -Mastertrainern zugänglich gemacht und soweit möglich auch in der Neuauflage dieses Buches berücksichtigt.

ANHANG D

Gemeinsamkeiten und Unterschiede zwischen PSA und PST

Gemeinsame Leistungsmerkmale:

- Beide liefern die Ausprägungsstärke der drei Persönlichkeits-Komponenten oder Hauptfaktoren, ALPHA, BETA und GAMMA genannt.

- Beide liefern zusätzlich die Ausprägungsstärke verschiedener wichtiger Persönlichkeits-Eigenschaften oder Unterfaktoren.

- Beide besitzen die Möglichkeit, Ergebnis-Verzerrungen durch Über- bzw. Unterschätzung der Item-Bewertungen zu erkennen und zu beseitigen. (Die exakte Relativierung ist nur bei einer Computer-Auswertung möglich.)

- Beide erfassen durch den KAPPA-Wert, wie realistisch sich eine Person sieht.

- Beide erfassen, wie hoch die Selbstakzeptanz einer Person ist (nur bei Computer-Auswertung möglich!)

- **Beide enthalten das neue Doppelkorrektur-Verfahren, das die unbewußten Verfälschungen der unkorrigierten PSA-Ergebnisse erstmalig in befriedigender Weise korrigiert und dadurch verfälschte Selbsteinschätzungen in weitgehend unverfälschte umwandelt!**
  In dieser Hinsicht sind beide Instrumente allen bisherigen Persönlichkeits-Fragebogentests und Selbsteinschätzungs-Verfahren überlegen!
  (Die Doppel-Korrektur ist ebenfalls nur bei einer Computer-Auswertung von PSA und PST möglich. In diesem Buch wurden die PSA-Ergebnisse nur grobkorrigiert.)

- Beide besitzen ein ausgezeichnetes Aufwand-Nutzen-Verhältnis (wie ein Vergleich mit bekannten Persönlichkeits-Fragebögen zeigt):

VERFAHREN	FAKTOREN	ITEMS/FAKTOR
MMPI	10	55
MMPI-Kurzform	10	30
HDI	4	30
EPQ-R	4	25
DISG	4	24
FPI	9+3	20
EPI	3	19
EPPS	15	15
SCHIRM-TEST neu	3	13
EPQ-R-Kurzform	4	12
16 PF-Cattell	16	12
SCHIRM-TEST alt	3	8
GT	6	6.6
FPI-Kurzform	12	6.2
PSA	6+2(+3)	4.4
PST	18+3(+3)	4

(Literatur zu den genannten Fragebögen finden Sie im Literaturverzeichnis)

Unterschiedliche Leistungsmerkmale

- Die PSA umfaßt 35 Items, der PST 85 Items.

- Es gibt mehrere PSA-Versionen, die eine flexible Anpassung an unterschiedliche Einsatzanforderungen ermöglichen. Die verschiedenen Versionen unterscheiden sich hinsichtlich der erfaßten Unterfaktoren und korrelieren alle zufriedenstellend mit dem PST.

- Die PC-Auswertung der PSA ermittelt die Ausprägungsstärke von 6 Unterfaktoren und bislang 2 Zusatzfaktoren; beim PST sind es 18 Unterfaktoren und bislang 3 Zusatzfaktoren.

- Die Ausprägungsstärke der Hauptfaktoren basiert beim PST auf einer rund 2.6-fach größeren Itemzahl.

- Der KAPPA-Wert basiert derzeit bei der PSA auf 5, beim PST auf 10 Items.

- Der PST liefert zusätzlich ein Maß für die Antwortkonsistenz, wodurch aufgedeckt wird, wenn eine Person die PST-Items rein willkürlich beantwortet hat.

- **Der PST**
  – zeigt die Feinstruktur Ihrer Persönlichkeit;
  – ermöglicht eine noch tiefergehende Analyse der Persönlichkeits-Struktur;
  – enthält weitergehende Hinweise für den privaten wie beruflichen Lebensbereich einer Person;
  – bietet eine breitere Beratungsgrundlage und
  – ermöglicht eine noch differenziertere Menschenkenntnis als die PSA.

PST und PSA liefern identische oder fast identische Unterfaktoren-Werte und hoch korrelierende Hauptfaktoren-Werte, wie aus einer Untersuchung mit 229 Männern und 84 Frauen (größtenteils Führungskräften) zu ersehen ist:

n = 313	**PSA-Version dieses Buches**	**Ausprägungsstärke PST**	**PSA**	**Korrelation PST mit PSA**
ALPHA-Wert	(unkorrigiert)	107	101	.88
BETA-Wert	(unkorrigiert)	111	109	.83
GAMMA-Wert	(unkorrigiert)	92	92	.86
ALPHA-Wert	(exakt korr.)	102	100	.89
BETA-Wert	(exakt korr.)	101	101	.86
GAMMA-Wert	(exakt korr.)	98	98	.84

ANHANG E

Zum Korrektur-Verfahren

Es gibt eine Reihe zusätzlicher Belege für die Gültigkeit meines Doppelkorrektur-Verfahrens (bei einer PC-Auswertung) sowie der einfachen Grobkorrektur, wie sie in diesem Buch durchgeführt wird.

Hierzu muß man folgende Zusammenhänge kennen:
Alle GAMMA-Werte, insbesondere jedoch die Unterfaktoren "Sensibilität" und "Psychosomatik" korrelieren signifikant positiv mit Streßanfälligkeit, depressiven Verstimmungen und Depressionen (z.B. Hirschfeld u.a. 1983, Barnett/Gotlib 1988, Kendall/Watson 1989, Vollrath/Angst 1989, De Jong-Meyer 1992).
Des weiteren werden in der Klinischen Psychologie als wesentliche Merkmale des "Typus melancholicus" Ordnungsliebe und Gewissenhaftigkeit genannt, die mit den GAMMA-Unterfaktoren "Kontrolle" und "Absicherung" stark korrelieren (Tellenbach 1969, De Jong-Meyer 1992).
Der GAMMA-Faktor steht somit in engem Zusammenhang mit Streßanfälligkeit, Melancholie und Depressivität.

Wie demnach zu erwarten, zeigt folgende Tabelle im Gegensatz zum ALPHA- und BETA-Faktor nur bei den GAMMA-Werten lauter negative und größtenteils höhere Korrelationen mit dem KAPPA-Wert! Sie besagen, daß Menschen mit hohen GAMMA-Werten zu einem niedrigen KAPPA-Wert tendieren - auch beim KAPPA-Item "Ich bin selten depressiv". Und niedrige KAPPA-Werte, so meine Behauptung, deuten auf eine realistischere Selbstsicht (s. hierzu auch Watson/Clark 1984).

n = 313 (84 FRAUEN)	**PST-KAPPA**	**PSA-KAPPA**	**KAPPA-ITEM „SELTEN DEPRESSIV“**
ALPHA	.18	.23	.08
BETA	.31	.25	.06
GAMMA	**-.48**	**-.50**	**-.39**
G-Absicherung	-.06	-.10	-.08
G-Kontrolle	-.15	-.16	-.21
G-Introversion	-.32	-.35	-.15
G-Soziale Distanz	-.33	-.36	-.21
Sensibilität	**-.51**	**-.50**	**-.46**
Psychosomatik	**-.54**	**-.58**	**-.50**

Des weiteren wäre zu erwarten, daß bei Personen mit dominierendem GAMMA-Faktor eine deutlich geringere Korrektur der unkorrigierten Werte erforderlich ist als bei Personen mit einem dominanten BETA- oder ALPHA-Faktor. Auch dies ist der Fall, wie die folgende Tabelle ausweist:

unkorrigierte Werte	Maximal-Korrektur PSA (n = 289)	PST (n = 300)
BETA größer als ALPHA und als GAMMA	24,1%	24,9%
ALPHA größer als BETA und als GAMMA	20,4%	21,0%
GAMMA größer als ALPHA und als BETA	14,1%	13,4%

Wenn es sich nun wissenschaftlich nachweisen ließe, daß Menschen mit Streßanfälligkeit und depressiven Verstimmungen - das heißt mit hohem GAMMA-Wert und insbesondere hohem SENSIBILITÄTS- und PSYCHOSOMATIK-Wert - sich realistischer sehen als streßresistentere und nichtdepressive Personen, würde dies die Gültigkeit der KAPPA-Korrektur sowie meines Doppelkorrektur-Verfahrens belegen!
Diese wissenschaftlichen Nachweise liegen bereits vor!
Es sollen wiederum nur einige angeführt werden:

- Depressive und streßanfällige Personen verdrängen negative Erfahrungen weniger als Nichtdepressive (DeMonbreun/Craighead 1977, Nelson/Craighead 1977).

- Gestreßte und depressive Studenten sehen sich eindeutig weniger "geschönt" als nichtdepressive Studenten (Alloy/Abramson 1979).

- Depressive, streßgefährdete Menschen sehen sich realistischer. Nichtdepressive sehen sich positiver, als sie sind (Lewinsohn u.a. 1980).

- "Depressive beurteilen ihr Sozialverhalten kritisch aber realistisch und unterliegen im Unterschied zu Normalen nicht der Tendenz, sich positiver wahrzunehmen, als das andere Personen tun." (De Jong-Meyer 1992, S.147).

- Ähnliche Zusammenhänge zeigen sich auch bei Jugendlichen (Lewinsohn u.a. 1992).

Seien Sie deshalb nicht zu stolz auf einen niedrigen KAPPA-Wert und nicht enttäuscht über einen hohen; denn für die psychophysische Gesundheit eines Menschen und für das Auskommen mit seinen Mitmenschen ist es meist von Vorteil, einen hohen KAPPA-Wert zu haben, auch wenn dies bedeutet, daß man sich und andere mehr oder weniger "geschönt" sieht! (s. Psychologie Heute 1988, Lockard/ Paulhus 1988, Bambeck 1993)

Die in diesem Buch angewandte einfache Grobkorrektur oder KAPPA-Korrektur orientiert sich in ihrer Größenordnung an den Durchschnittswerten, die sich aus dem erheblich genaueren Doppelkorrektur-Verfahren ergeben.

LITERATUR-VERZEICHNIS

Arnold W., Eysenck H.J., Meili R.: Lexikon der Psychologie. Freiburg, Basel, Wien 1987

Alloy L.B., Abramson L.Y.: Judgment of contingency in depressed and nondepressed students: Sadder but wiser? *J. of Experimental Psychology: General 1979, 108*

Bambeck J.J.: Seminar. Wiesbaden 1988

Bambeck J.J.: PST - Der Persönlichkeits-Struktur-Test. München 1991

Bambeck J.J.: Wie eine Person sich sieht und wie sie tatsächlich ist - Das Problem der Selbsttäuschung als unbewußte Verfälschungstendenz bei Persönlichkeits-Fragebögen und wie es gelöst werden kann. (Eingereicht bei der *Zeitschr. f. Diff. u. Diagn. Psychologie*)

Bambeck J.J., Wolters A.: Das Psychogramm - Eine Weiterentwicklung und Verbesserung des Struktogramms. Personalführung 1985, 9

Bambeck J.J., Wolters A.: Brainpower. München 1991

Barnett P.A., Gotlib I.H.: Psychosocial functioning and depression: Distinguishing among antecedents, concomitants, and consequences. *Psychological Bulletin 1988,104*

Breiter M.: Eine empirische Untersuchung eines praxiserprobten Instrumentes zur Persönlichkeitsanalyse von Führungskräften (sowie Studenten), mit dem Ziel ein testfähiges Instrument mit gleicher Aussagekraft zu entwikkeln. Diplomarbeit, Fachhochschule Rheinland-Pfalz, Abt. Ludwigshafen, 1992

Child I.L.: The relation of somatotype to self-ratings on Sheldon's temperamental traits. *J. of Personality 1950, 18*

Crescenzo L.D.: Geschichte der griechischen Philosophie von Sokrates bis Plotin. Zürich 1988

De Jong-Meyer R.: Der Beitrag psychologischer Konzepte zum Verständnis depressiver Erkrankungen. *Zeitschr. f. Klinische Psychologie 1992, XXI/2*

Dellinger S.: Psycho-Geometrics. Englewood Cliffs 1989

DeMonbreun B.G., Craighead W.E.: Distortion of perception and recall of positive and neutral feedback in depression. *Cognitive Therapy and Research 1977, 1*

Dorsch F.: Psychologisches Wörterbuch. Hamburg 1970

Eysenck H.J.: Kriminalität und Persönlichkeit. Zürich 1977

Eysenck H.J., Eysenck M.W.: Der durchsichtige Mensch. München 1983

Eysenck H.J., Eysenck M.W.: Persönlichkeit und Individualität. München, Weinheim 1987

Eysenck H.J., Wilson G.: Teste dich selbst. Die Aspekte der Persönlichkeit. München 1976

Fisseni H.-J.: Persönlichkeitspsychologie. Göttingen, Toronto, Zürich 1991

Haney C., Banks C., Zimbardo P.: Interpersonal dynamics in a simulated prison. *International J. of Criminology and Penology 1973, 1*

Herrmann T.: Lehrbuch der empirischen Persönlichkeitsforschung. Göttingen, Toronto, Zürich 1991

Hirschfeld R.M. u.a.: Assessing personality - Effects of the depressive state on trait measurement. *American J. of Psychiatry 1983, 140*

Hofstätter P.R.: Persönlichkeitsforschung. Stuttgart 1977

Horney W. u.a.: Pädagogisches Lexikon. Gütersloh 1970

Kendall P.C., Watson D.: Anxiety and depression. New York 1989

Lad V.: Das Ayurweda Heilbuch. Haldenwang 1986

Lewinsohn P.M. u.a.: Social competence and depression - The role of illusory selfperception. *J. of Abnormal Psychology 1980, 89*

Lockard J.S., Paulhus D.L.: Self-Deception. An adaptive Mechanism? Englewood Cliffs, 1988

MacLean P.D.: The triune brain. New York 1990

Mummendey H.D.: Die Fragebogen-Methode. Göttingen 1987

Nelson R.E., Craighead W.E.: Selective recall of positive and negative feedback, selfcontrol behaviors, and depression. *J. of Abnormal Psychology 1977, 86*

Psychologie Heute (Redaktion): Wir Selbst-Darsteller. Weinheim, Basel 1988

Rubin Z.: Wie stabil ist unsere Persönlichkeit? In: Psychologie Heute (Redaktion): Wir Selbst-Darsteller. Weinheim, Basel 1988

Schirm R.W.: Strukturen der Persönlichkeit. Glarus (Schweiz) 1977

Schirm R.W.: Die Biostruktur-Analyse 1 - Schlüssel zur Selbstkenntnis. Baar (Schweiz) 1989

Schneewind K.A.: Persönlichkeitstheorien I. Darmstadt 1982

Schneewind K.A.: Persönlichkeitstheorien II. Darmstadt 1984

Sheldon W., Stevens S.S.: The varieties of temperament. New York 1942, 1970

Spinola R., Peschanel F.D.: Das Hirn-Dominanz-Instrument (HDI). Speyer 1988

Tellenbach H.: Zur Freilegung des melancholischen Typus im Rahmen einer kinetischen Typologie. In: Hippius H., Selbach H.: Das depressive Syndrom. München 1969

Vollrath M., Angst J.: Outcome of panic and depression in a seven-year follow-up: results of the Zurich study. *Acta Psychiatrica Scandinavia 1989, 80*

Watson D., Clark L.A.: Negative affectivity - The disposition to experience aversive emotional states. *Psychological Bulletin 1984, 96*

Wundt W.: Grundzüge der physiologischen Psychologie. (Bd. III). Leipzig 1903

LITERATUR ZU DEN ERWÄHNTEN PERSÖNLICHKEITS-FRAGEBÖGEN:

16 PF: Cattell R.B.: Manual for the 16 PF. Champaign (USA), Institute for Personality and Ability Testing, 1972

DISG: Persönlichkeits-Profil. Mit dem Original-DISG®-Test zur Selbstauswertung, GABAL-Band 44, Speyer 1992

EPI: Eggert D.: Eysenck-Persönlichkeits-Inventar E-P-I. Göttingen 1974

EPQ-R: Eysenck S.B.G u.a.: A revised version of the psychoticism scale. *Personality and individ. differences 1985, 1*

EPPS: Edwards A.L.: Edwards Personal Preference Schedule. New York 1959

FPI: Fahrenberg u.a.: Das Freiburger Persönlichkeitsinventar FPI. Göttingen 1978

GT: Beckmann D., Richter H.E.: Gießen-Test (GT). Bern, Stuttgart, Wien 1975

GZTS: Guilford J.P., Zimmerman W.S.: The Guilford- Zimmerman Temperament Survey: Manual of instructions and interpretations. Beverly Hills 1949

HDI: Hermann N.: Kreativität und Kompetenz - Das einmalige Gehirn. Fulda 1991

MMPI: Hathaway S.R., McKinley J.C.: MMPI Saarbrücken. Bern, Stuttgart, Wien 1977

NEO: Eysenck H.J., Eysenck M.W.: Persönlichkeit und Individualität. München, Weinheim 1987

SCHIRM-Fragebögen s.Literatur-Verzeichnis

Mein PSA-Diagramm
Wie ich mich sehe

ALPHA =		A1 =		A2 =	
BETA =		B1 =		B2 =	
GAMMA =		G1 =		G2 =	

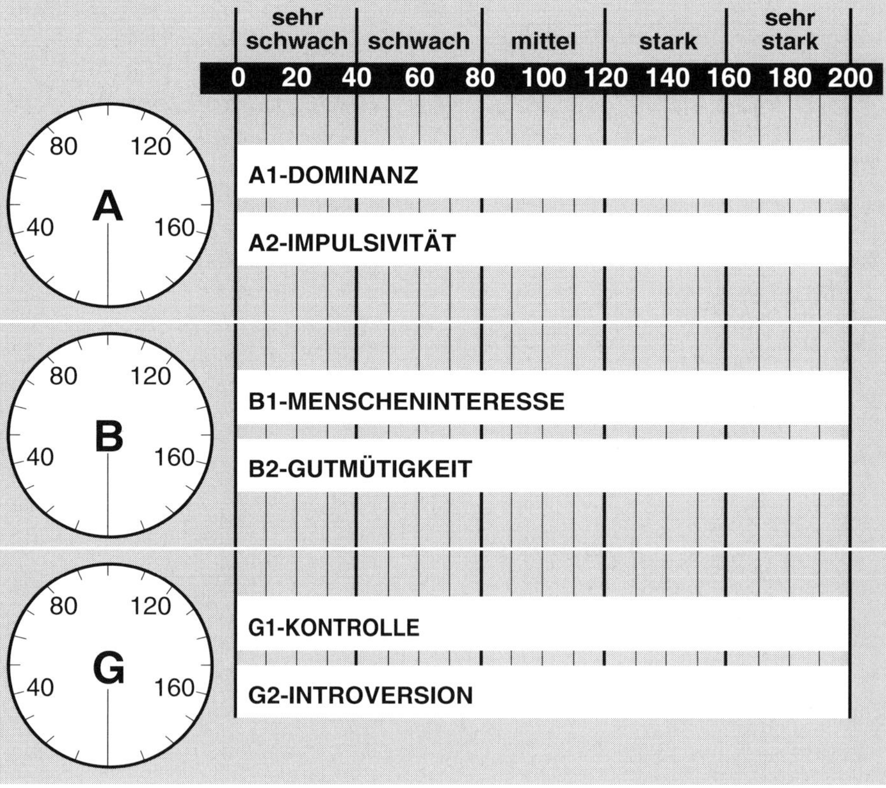

Mein PSA-Diagramm
Wie ich wirklich bin

ALPHA =		A1 =		A2 =	
BETA =		B1 =		B2 =	
GAMMA =		G1 =		G2 =	

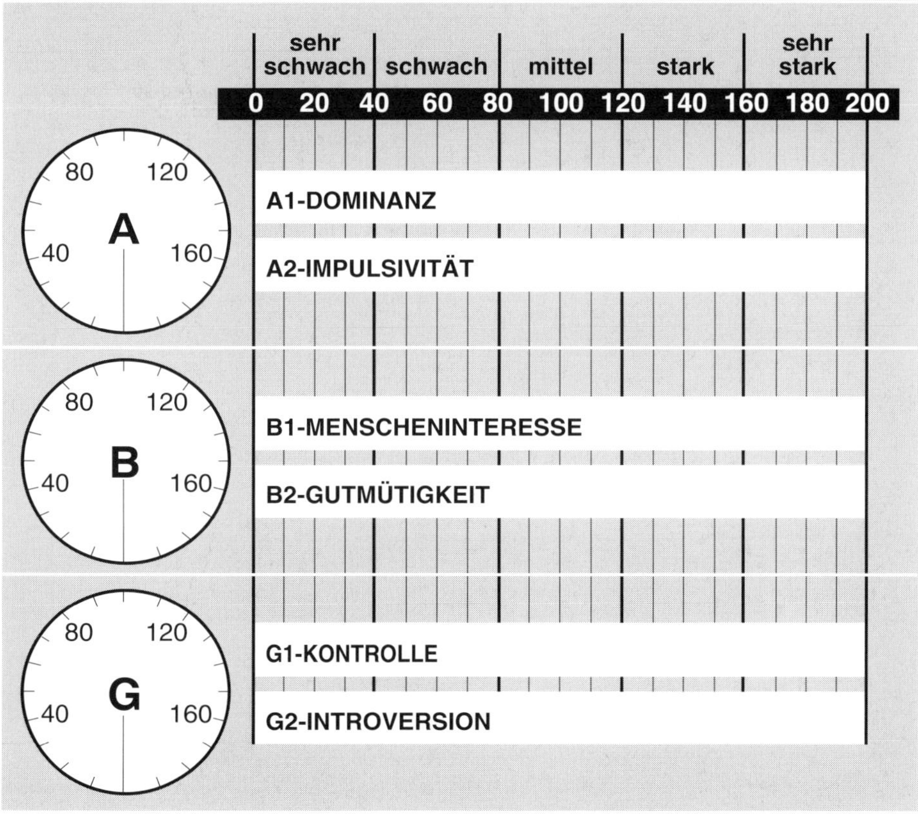

Mein PSA-Diagramm
Wie ich mich sehe

ALPHA =   A1 =   A2 =

BETA =   B1 =   B2 =

GAMMA =   G1 =   G2 =

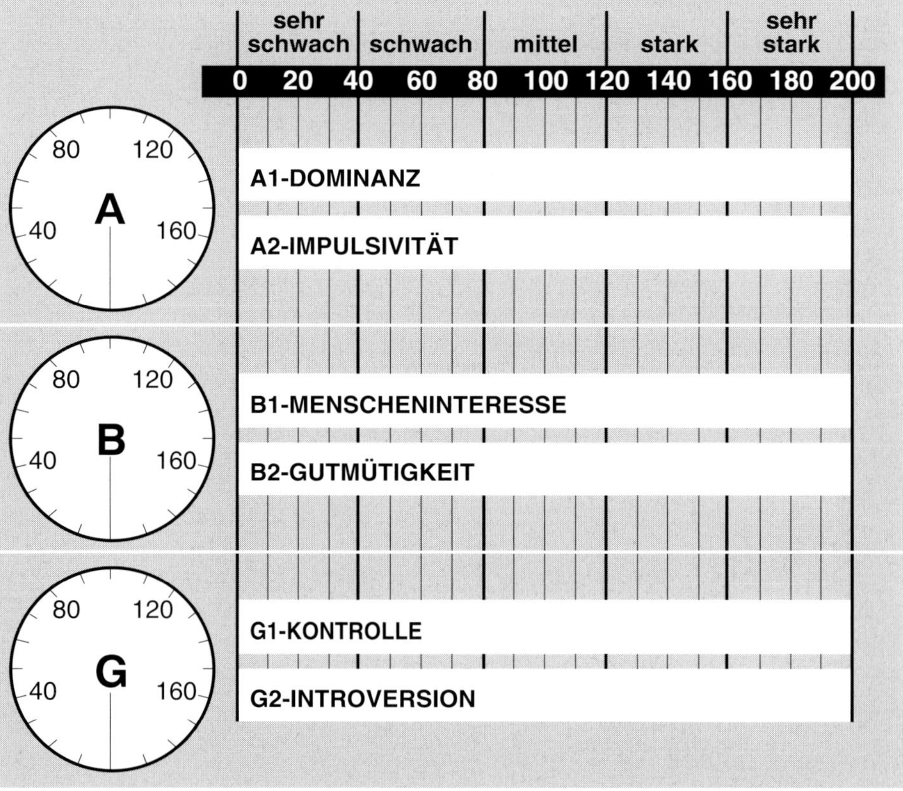

Mein PSA-Diagramm
Wie ich wirklich bin

ALPHA =		A1 =		A2 =	
BETA =		B1 =		B2 =	
GAMMA =		G1 =		G2 =	

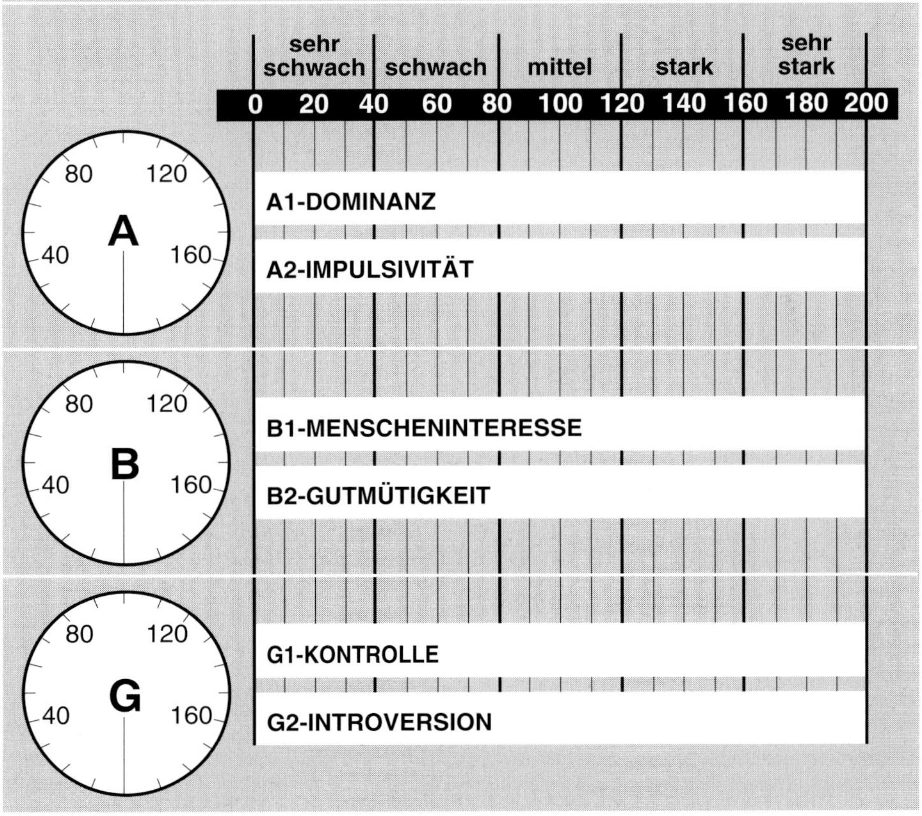

Sich selbst und andere besser erkennen - mehr Erfolg durch angewandte Persönlichkeits-Analyse

Sie haben sich durch den Kauf dieses Buches dafür entschieden, mehr über sich und andere Menschen zu erfahren und Ihre Selbst- und Menschenkenntnis zu erweitern
Mit dem eigenen Durcharbeiten dieses Buches und der Selbstauswertung Ihrer Ergebnisse bzw. Erstellung Ihres individuellen PSA-Diagramms sind Sie diesem Ziel bereits einen wesentlichen Schritt näher gekommen.
Für den nachhaltigen Erfolg kommt es jetzt darauf an, dieses Wissen und Können zu nutzen und noch zu vertiefen.

Hierfür bieten sich mehrere Möglichkeiten:

- Sie diskutieren die Ergebnisse im Familien-, Freundes- und Bekanntenkreis, z. B. anhand von bewährten Fragestellungen, die auch in Seminaren eingesetzt werden,

  oder

- Sie besuchen ein Vertiefungs-Seminar unter Leitung eines kompetenten Trainers, der für Sie auf Wunsch auch die exaktere Computer-Berechnung Ihres persönlichen PSA-Diagramms erstellen kann.
  Das gruppendynamisch orientierte Seminar bietet die Basis für zusätzliche Erkenntnisse und Umsetzungs-Chancen.

PSA-Tages-Seminare werden zunächst im Raum Frankfurt und München und später bundesweit angeboten.

Wenn Sie an der Vertiefung Ihres PSA-Wissens und einem Umsetzungs-Trainings interessiert sind, senden Sie uns einfach die beiliegende Response-Karte oder schreiben Sie an:

GPA · Gesellschaft für angewandte Persönlichkeits-Analyse
c/o Forschungsinstitut für Angewandte Betriebswirtschaft (FAB)
6720 Speyer · Dudenhofer Straße 46
Telefon 0 62 32 - 96 67 · Telefax 0 62 32 - 9 86 09

Engagierte und für neue Erkenntnisse und Methoden aufgeschlossene Trainer

mit mehrjähriger Berufs-Erfahrung können von *Dr. Joern J. Bambeck* in einem mehrstufigen Train-the-Trainer-Programm in das *PSA-Konzept* und den PST (Persönlichkeits-Struktur-Test) eingewiesen werden; sie werden damit in die Lage versetzt, dieses Instrument in Seminaren einsetzen zu können.

Diplom-Psychologe Dr. Joern Bambeck - langjähriger Coach, Organisationsberater, Management-Trainer, Psychotherapeut und Lehrtherapeut sowie Lehrbeauftragter - hat in rd. 10jähriger Forschungs-Arbeit dieses innovative PSA-Konzept entwickelt. Sein Know-how steht in den Trainer-Seminaren interessierten Trainern mit hoher Sozial-Kompetenz zur Verfügung.

Das PSA-Konzept eignet sich in besonderer Weise als Start und Grundlage einer effizienten Personal- und Organisations-Entwicklung sowohl in kleinen und mittleren als auch in großen Unternehmen.

Freiberufliche und firmeninterne Trainer weisen wir deshalb in dieses neue Konzept ein. Wir beraten Sie auch gern bei der Einführung und Planung der ersten Schritte.

Die Besonderheit des PSA-Konzeptes besteht in einer Reihe von Vorteilen:

- Die PSA ist - im Gegensatz zu anderen bekannten Instrumenten - wissenschaftlich abgesichert.
- Die PSA ist - im Gegensatz zu vielen anderen Instrumenten - sehr preiswert für Nutzer und Trainer.
- Die PSA bietet - im Gegensatz zu vielen bekannten Instrumenten - eine besondere "Tiefenschärfe", da nicht nur die Hauptkomponenten der Persönlichkeits-Struktur aufgezeigt werden, sondern auch Unterfaktoren mit ihrer jeweiligen Gewichtung.
- Die PSA bietet - im Gegensatz zu allen anderen Instrumenten - mit der neu entwickelten Doppel-Korrektur-Methode ein weitgehend unverzerrtes Bild der eigenen Persönlichkeit.

Schicken Sie uns die Response-Karte oder schreiben Sie uns
GPA c/o FAB · 6720 Speyer · Dudenhofer Straße 46

JOERN J. BAMBECK
ANTJE WOLTERS

PST

Der Persönlichkeits-Strukturtest

Wie Sie und andere wirklich sind

Wirtschaftsverlag Langen Müller/Herbig

240 Seiten · DM 44,--

GABAL

Wer sind wir, und was wollen wir?

Wir bestehen seit 1976 und sind ein **gemeinnütziger Zusammenschluß von Praktikern aus Wirtschaft und Hochschule**. Unsere Mitglieder sind Unternehmer und Führungskräfte - unternehmerisch denkende Manager - aus Wirtschaft und Verwaltung, Hochschullehrer sowie Trainer und Berater. Neben stimmberechtigten Voll-Mitgliedern gibt es korrespondierende Mitglieder sowie fördernde Mitglieder (Unternehmen bzw. Organisationen).

Unsere **Hauptaufgabe** sehen wir in der Förderung von Kommunikation und Kooperation zwischen Wirtschafts-Praxis und Hochschule sowie in der Entwicklung und Durchsetzung eines ganzheitlichen und **zukunftweisenden Weiterbildungs-Konzeptes** für unsere Zielgruppe: Mittelständische Unternehmer und Führungskräfte sowie Studenten /Absolventen der Hochschulen und alle Lernenden der unterschiedlichsten Bildungseinrichtungen.

Schwerpunkte unserer Arbeit sind heute:

• **Förderung** der Publikation von preisgünstigen **arbeitsmethodischen** Schriften für Studierende / Lernende sowie von **praxisorientierten Schriften** für Führungskräfte.

Besonders erfolgreiche Beispiele der "Reihe für Ihre erfolgreiche Zukunft" sind "Stroh im Kopf?" - inzwischen in 8. Auflage im 35. Tausend erschienen - sowie "Das 1x1 des Zeitmanagement" - das in nur wenigen Jahren mit annähernd 500.000 Exemplaren in deutscher Sprache und 15 weiteren Sprachen das Standardwerk zum Thema Zeitmanagement geworden ist.

• **Weiterbildungs-Konzepte zur Persönlichkeits- und Unternehmens-Entwicklung**, und zwar in enger Verbindung mit der GABAL-Akademie des Erfolgs (GAE).

• Förderung der bundesweiten **Umsetzung der Erkenntnisse des Modellversuchs der Bund-Länder-Kommission für Bildungsplanung und Forschungsförderung (BLK) "Praxisverbundenes Studium an der FH Wirtschaft"**, insbesondere Initiierung von Lehrveranstaltungen im Sinne eines notwendigen und effizienten "Studium Generale, des Lernen-Lernens und der Arbeits-Methodik" einschließlich Angebot von Train-the-Trainer-Seminaren sowie entsprechender Trainer-Leitfäden zur Umsetzung des zukunftweisenden **STUFE**-Konzeptes - **STU**dium **F**undamentale et **E**fficiens.

• Hilfe bei der Einrichtung bzw. Kooperation mit Partnern im Hinblick auf eine Beirats-Börse sowie eine "Arbeits-Stipendiaten-Börse" zum bundesweiten Ausgleich von Angebot und Nachfrage bei Projekt-Diplom-Arbeiten.

Wir werden beraten durch ein Kuratorium, dem - neben Repräsentanten der Fachhochschule Rheinland-Pfalz - maßgebende Institutionen und Verbände der deutschen Wirtschaft angehören, z. B. das Institut der deutschen Wirtschaft (IW) in Köln, der Deutsche Industrie- und Handelstag (DIHT) in Bonn und das Rationalisierungs-Kuratorium der deutschen Wirtschaft (RKW) / Landesverband Rheinland-Pfalz in Mainz.

GABAL

Dudenhofer Str. 46
6720 Speyer
Tel. 0 62 32 / 96 67
Fax 0 62 32/ 9 86 09

Gesellschaft zur Förderung
Anwendungsorientierter
Betriebswirtschaft und
Aktiver
Lehrmethoden in Fachhochschule und Praxis e.V.

STUFE - Schritte zum Erfolg

Ein Lehr- und Lernkonzept zur Förderung fachübergreifender Fähigkeiten

Was ist das *STUFE*-Konzept?

STUFE bedeutet: ***STU**dium* ***F**undamentale et* ***E**fficiens*. Auch für einen "Nicht-Lateiner" ist damit erkennbar, was hier mit STUFE gemeint ist: ein Studium (Lernen allgemein und im besonderen) zum Erlernen grundlegender fachübergreifender Fähigkeiten und Methoden, um ein effizienteres (Weiter)-Lernen in unterschiedlichen Lebensbereichen zu ermöglichen. STUFE repräsentiert 5 Bausteine - 5 Schritte zum Erfolg:

1. **Persönlichkeits-Analyse -** Persönlichkeit erkennen und akzeptieren: Erfolgs-Potentiale nutzen
2. **Berufszielfindung** und Umsetzungsstrategie für Studium / Ausbildung / Weiterbildung
3. **Ganzheitliches Ziel-, Zeit- und Selbstmanagement** einschließlich grundlegender Lerntechniken
4. **Mit Bewußtheit zum Erfolg -** Bewußt leben mit dem Unbewußten - Bewußte Meditation, ein mentales Training: ***S**elbst-**S**teuerungs-**S**ystem* - Drei-S-Methode
5. **Moderations-Technik** am Beispiel der Methodik wissenschaftlichen Arbeitens

Ziel ist die Integration des STUFE-Konzeptes in die Leistungsangebote unterschiedlicher Bildungseinrichtungen. Zunächst werden Bildungseinrichtungen der Wirtschaft sowie die Universitäten/Fachhochschulen, aber auch Einrichtungen der Jugend- und Erwachsenenbildung angesprochen.

Eine Erweiterung ist möglich und geplant. So sollen in Zukunft alle anderen schulischen Einrichtungen in dieses Konzept einbezogen werden. Dazu gehört, möglichst viele Lehrer, Dozenten, Lehrbeauftragte, Ausbilder und Weiterbildner für die Umsetzung von STUFE zu begeistern.

Kompetenten Multiplikatoren vermitteln wir Ziele, Methoden und Inhalte der STUFE-Bausteine in Train-the-Trainer-Seminaren. Zu jedem STUFE-Baustein gehört - neben einem Trainerleitfaden mit Folien und Kopiervorlagen für Teilnehmer-Unterlagen - ein **GABAL-Teilnehmerarbeitsbuch**.

Weitere Informationen:

GABAL e. V., GABAL-Akademie des Erfolgs
Dudenhofer Str. 46, D-6720 Speyer

STUFE - Schritte zum Erfolg - STUFE-Bücher - neu bei GABAL

- Diese Arbeitsbücher sind bisher erschienen -

Lorenz Wolff / Johanna Frank

Berufszielfindung und Umsetzungsstrategie für Studium/Ausbildung/Weiterbildung
- Kybernetische Strategie -
104 Seiten, broschiert
ISBN 3-923984-61-8 Preis: DM 24,80

Berufszielfindung - lohnt sich das?

Warum sind so viele Menschen unzufrieden mit ihrem Beruf?
Haben sie sich vielleicht nicht genug Mühe gegeben, um das **für sie richtige** Berufsziel zu finden? Haben sie Mühe und Arbeit gescheut, intensiv alle Informationen herauszufinden, die gerade **für sie** wichtig gewesen wären? Oder haben sie - trotz dieser Mühe und Arbeit - den falschen Weg gewählt?

Um gerade allen lernenden jungen - und jung gebliebenen - Menschen die Möglichkeit zu geben, eigenverantwortlich ihr berufliches Ziel zu suchen und zu finden - dazu ist dieser vorliegende "Leitfaden zum aktiven Handeln" gedacht.

Es werden Methoden aufgezeigt, wie in systematischen Schritten ein berufliches Ziel konkretisiert, gefunden und dazu eine Umsetzungsstrategie entwickelt werden kann.

Ein Leitfaden für alle: Berufseinsteiger, Profis und Berufswechsler.

Zu diesem Buch gibt es bereits den Trainer-Leitfaden mit Folien sowie Kopiervorlagen für die Teilnehmer-Unterlagen zu DM 495,- !

Bewußt leben mit dem Unbewußten

In einer Geschichte wird von einem Manne berichtet, der wochenlang mehrmals täglich betet "Lieber Gott, laß mich das große Los gewinnen!" Er betet zu Hause, in der Kirche und an anderen heiligen Stätten. - Nach einiger Zeit, als er wieder dasitzt und betet, öffnet sich der Himmel und eine Stimme ertönt: "Gib mir eine Chance. Geh, kauf dir endlich ein Los."

Was kann uns diese kleine Geschichte verdeutlichen? Beten, meditieren, **mentales Training -** kurz das Anrufen zusätzlicher Kräfte und Energien zu unserer Unterstützung - sind eine Sache. Unser eigenes Dazutun ist die andere; es zeigt sich in unserem **zielgerichteten Handeln.** In unserer Erzählung steht dafür der Kauf des Loses. Sind beide auf das gleiche Ziel ausgerichtet, können sie sich erfolgreich ergänzen.

Das vorliegende Buch integriert zwei Wege zu dem von uns angestrebten Erfolg:

1. Die **bewußte Meditation** und
2. Die neue **Drei-S-Methode (Selbst-Steuerungs-System).**

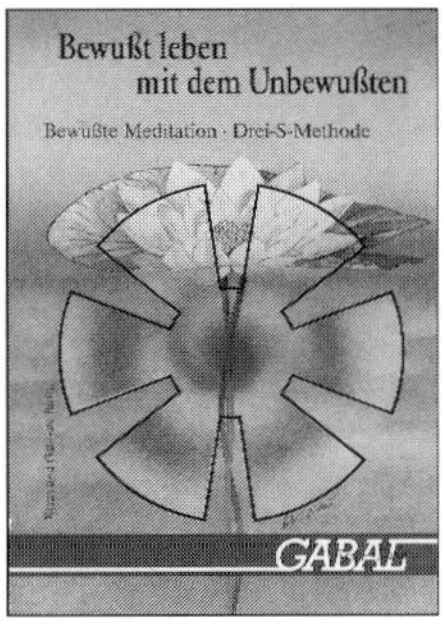

Klaus und Gabriele Birker

Bewußt leben mit dem Unbewußten
Bewußte Meditation • Drei-S-Methode
160 Seiten, broschiert
ISBN 3-923984-42-1 Preis: DM 24,80

Alle Bücher der STUFE-Reihe können mit dem Eindruck Ihres Firmenlogos als wertvoller Werbeträger auf Ihr Unternehmen hinweisen. Fragen Sie uns nach den Konditionen für Siebeindrucke/Sonderauflagen.

GABAL-Verlag GmbH • Dudenhofer Straße 46 • 6720 Speyer
Tel. (0 62 32) 96 66 • Telefax (0 62 32) 9 86 09

ZEITMANAGEMENT
und
PERSÖNLICHKEIT

**Persönlichkeits-adäquates Verhalten
als zentraler Aspekt erfolgreichen Zeit- und Selbst-Managements
sowie effiziente persönliche Arbeitstechniken der Führungskräfte
sind die entscheidenden Grundlagen
persönlichen und unternehmerischen Erfolgs.**

•

Die gemeinnützige GABAL sieht es als eine ihrer
wichtigsten Aufgaben an,
Führungs- und Nachwuchskräfte,
insbesondere aus dem Mittelstand,
bei der Verbesserung ihrer Arbeitstechniken
und ihres Zeit- und Selbst-Managements
zu unterstützen.

•

Beiträge hierzu leisten verschiedene Bände aus der GABAL-Schriftenreihe.

Die individuelle Optimierung von Arbeitstechniken sowie von Zeit-Management ist in erstaunlich hohem - und meist nicht bekanntem - Umfang von der Struktur der jeweiligen Persönlichkeit abhängig.

Die Persönlichkeits-Struktur-Analyse - PSA - vermittelt solche Erkenntnisse. Sie bietet insbesondere sofort umsetzbare Einsichten in die Grundlagen individueller Stärken, Schwächen und Begrenzungen sowie Ansatzpunkte zur Verbesserung der Kommunikation mit Kunden, Mitarbeitern, Kollegen und privaten Partnern sowie in der Familie.

In **firmen-internen Seminaren** wird das **Zeitmanagement-Training** mit Hilfe der **Persönlichkeits-Struktur-Analyse - PSA** - (mit dem Original-Analyse-Material) sehr wirksam und in besonders günstiger Preis-/Leistungs-Relation **verbunden.**

Weitere Informationen und/oder Angebote über:

**GABAL-Akademie des Erfolgs (GAE)
c / o GABAL e.V. Abteilung 20 / Training
Dudenhofer Str. 46 • 6720 Speyer
Tel. 0 62 32 / 96 67 - Fax 0 62 32 / 9 86 09**

Planspiele für den Chef von morgen!

NEU!

Planspiele setzen sich als aktive Lernmethode für den Managementnachwuchs und nahezu alle Führungsebenen auf breiter Front durch. Die rasante Entwicklung der EDV eröffnet immer neue Einsatzfelder. Inzwischen werden über 100 verschiedene Planspiele für die Managementaus- und -weiterbildung angeboten.

Die Neuerscheinung **Planspiele - simulierte Realitäten für den Chef von morgen** bietet erstmalig eine aktuelle Marktübersicht aller angebotenen Planspiele:

- Namen und Kurzbeschreibungen
- Einsatzgebiete
- welche Vorkenntnisse sind erforderlich
- welche Lerninhalte werden vermittelt
- welche Schulungen werden angeboten
- Anbieter und Preise

Darüber hinaus geben Fachautoren Einblick in die Entwicklung von Planspielen, Ausblick auf die Zukunft und Tips zur Auswahl eines Planspieles. Erfahrungsberichte aus Unternehmen, die Planspiele einsetzen, und ein ausführliches Literaturverzeichnis zum Thema Planspiele runden das Handbuch ab.

Planspiele - simulierte Realitäten für den Chef von morgen

Jürgen Graf (Hrsg.), ca. 256 Seiten, 68,- DM

GABAL

GABAL-Verlag GmbH · Dudenhofer Straße 46 · 6720 Speyer · Tel. (06232) 9666 · Telefax (06232) 98609

Vera F. Birkenbihl

Oder: Gebrauchsanleitung fürs Gehirn

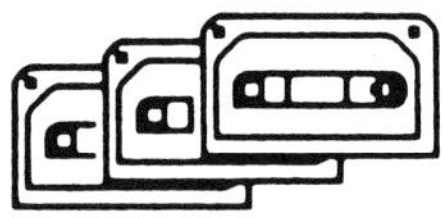

ISBN 3-923984-66-9

Package:
insgesamt nur DM 78,–

Vom Gehirn-Besitzer zum Gehirn-Benutzer!

Warum versteht ein Gehirn-Benutzer besser, was er hört und liest, als ein „nur" Gehirn-Besitzer? Warum kann er klarer informieren, verhandeln und motivieren, leichter Probleme lösen und Entscheidungen treffen? Er denkt und arbeitet gehirn-gerecht!

1981 wies der Nobel-Preisträger Roger Sperry nach, daß die linke Gehirnhälfte der Sitz der Sprache und der Ratio, die rechte Hemisphäre der Sitz des bildhaften Denkens und der Intuition ist. Unser Bildungssystem fördert maßgeblich das linkshirnige Denken und läßt dabei die andere Hälfte der ungeheuren Kapazität des Gehirn fast völlig unberücksichtigt.

In ihrem Kurz-Seminar mit dem provozierenden Titel „Stroh im Kopf?" sagt Vera F. Birkenbihl, die bekannte Management-Trainerin, diesem „halbhirnigen" Denken den Kampf an. Sie weist auf die Bedeutung der unterschiedlichen Fähigkeiten beider Gehirnhälften für das Lernen und Arbeiten hin und gibt Tips für gehirn-gerechtes Vorgehen in der beruflichen Praxis.

Das Kurz-Seminar enthält das Buch **„Stroh im Kopf?"**, das jetzt für die besonderen Bedürfnisse des Managements völlig überarbeitet und um einen Trainings-Plan für gehirn-gerechtes Denken erweitert wurde. Außerdem drei Tonkassetten, die – als didaktische Hörspiele aufbereitet – die Gedankengänge des Buches vertiefen.

Kassette (DM 19,80), Gedächtnis allgemein:
Gedächtnis-Mechanismen erfolgreich nutzen,
Kassette (DM 19,80), Mechanismen des Unbewußten bewußt nutzen:
Es ist leicht das Gehirn optimal zu nutzen, wenn man weiß wie!
Kassette (DM 19,80), Namensgedächtnis:
Eine Namen-Merk-Methode in drei Schritten,
Buch (DM 24,80), „Stroh im Kopf?"
Als eine „Gebrauchsanleitung fürs Gehirn" ist das Kurz-Seminar wichtig für alle Menschen, die das phänomenale Instrument in Ihrem Schädel optimal nutzen möchten.

Weitere Bücher von Vera F. Birkenbihl

Birkenbihl-Reader,
(Band 39),
Vera F. Birkenbihl
Sammlung interessanter Veröffentlichungen zu verschiedenen Themen.
ISBN 3-923984-39-1
100 Seiten, br., **9,80 DM***

Stichwort Schule, (Band 23),
Vera F. Birkenbihl
Trotz Schule lernen! Lernen ist nur dann trocken, langweilig und schwierig, wenn die Arbeitsweise des Gehirns nicht berücksichtigt wird.
ISBN 3-923984-23-5
152 Seiten, br., **24,80 DM***

Die Birkenbihl-Methode - Fremdsprachen zu lernen,
(Band 21), Vera F. Birkenbihl
Eine verblüffend einfache Methode, mit geringem Zeitaufwand, ohne Vokabeln pauken, Fremdsprachen zu lernen.
ISBN 3-923984-21-9
162 Seiten, br., **24,80 DM***

NLP - Einstieg in das Neuro-Linguistische Programmieren
(Band 24), Birkenbihl/Blickhan/Ulsamer
Die Entwicklung von NLP mit den wichtigsten Schlüsselbegriffen und Ihre Anwendung in der Praxis.
ISBN 3-923984-24-3
72 Seiten, br., **19,80 DM***

* unverbindliche Preisempfehlung

GABAL Die Reihe für Ihre erfolgreiche Zukunft

GABAL-Verlag GmbH · Dudenhofer Straße 46 · 6720 Speyer · Telefon 06232/9666

Die Reihe für Ihre erfolgreiche Zukunft

Erfolg und Methodik

Hardy Wagner
Praxisverbundenes Studium (Band 7).
ISBN 3-923984-02-2
164 S., br., **14,80 DM***

Hardy Wagner
Persönliche Arbeitstechniken. Grundlagen und Methoden erfolgreichen Selbstmanagements (Band 8).
ISBN 3-923984-68-5
120 S., br., **19,80 DM***

Lothar J. Seiwert
Das 1 x 1 des Zeitmanagement (Band 10). Das bekannteste Buch über Zeitplanung. In zahlreiche Sprachen übersetzt. Gesamtauflage über 500.000 Exemplare.
ISBN 3-923984-50-2
64 S., br., **14,80 DM***

Rudolf Straube
Lebensfreude (Band 15). Regeln für den Lebenserfolg. Durch positives Denken und geistiges Training seelische Verkrampfungen lösen.
ISBN 3-923984-15-4
86 S., br., **24,80 DM***

Hans Schmitz
Richtig Telefonieren (Band 17). Persönlichkeit und Techniken am Telefon erfolgreich nutzen.
Mit Checklisten, praktischen Tips und Anregungen für schwierige Gesprächssituationen
ISBN 3-923984-57-X
99 S., br., **24,80 DM***

Seiwert / Wagner
Management mit Zeitplanbuch plus PC (Band 22).
Eine aktuelle Marktübersicht mit 67 Zeitplanbüchern und 14 Zeitmanagement-Softwareprogrammen.
ISBN 3-923984-62-6
216 S., br., **29,80 DM***

Lothar J. Seiwert
Selbstmanagement (Band 25). Bedeutung und Funktion des Selbstmanagements – Zielsetzung – Planung – Entstehung –Realisation– Kontrolle – Information und Kommunikation.
ISBN 3-923984-25-1
60 S., br., **19,80 DM***

Graichen / Seiwert
Das ABC der Arbeitsfreude (Band 30).
Techniken, Tips und Tricks für Vielbeschäftigte. Die 25 wichtigsten Arbeitstechniken von A-Z mit Checklisten zur erfolgreichen praktischen Umsetzung.
ISBN 3-923984-30-8
80 S., br., **19,80 DM***

Bertold Ulsamer
Exzellente Kommunikation mit NLP (Band 37).
Besser kommunizieren mit NLP für Führungskräfte. Anschauliche Beispiele erläutern die Umsetzung in den Arbeitsalltag.
ISBN 3-923984-37-5
152 S., br., **24,80 DM***

Hardy Wagner
Zielorientiert und praxisverbunden studieren – erfolgreicher im Leben (Band 27).
Dokumentation eines Modellversuchs.
ISBN 3-923984-27-8
160 S., br., **14,80 DM***

Wolff / Frank
Berufszielfindung und Umsetzungsstrategie für Studium/Ausbildung/Weiterbildung (Band 41).
Kybernetische Strategie. Leitfaden für Berufseinsteiger, Profis und Berufswechsler.
ISBN 3-923984-61-8
104 S., br., **24.80 DM***

Birker / Birker
Bewußt leben mit dem Unbewußten (Band 42).
Bewußte Meditation – Drei-S-Methode.
ISBN 3-923984-42-1
160 S., br., **24,80 DM***

Anwendungsorientierte Betriebswirtschaft

Gottfried Giese
Unternehmensplanspiel ALPHATAU. Übungen am Kompaß der Unternehmens-Steuerung (Band 9).
ISBN 3-923984-59-6
40 S., br., **12,80 DM***

Oyen / Schlegel
Projektmanagement heute. Eine Führungsalternative unserer Zeit (Band 12).
ISBN 3-923984-12-X
154 S., br., **29,80 DM***

Donaubauer / Schoemen
Corporate Identity in Theorie und Praxis am Beispiel der Stadtsparkasse Marktredwitz. (Band 51).
ISBN 3-923984-51-0
40 S., br., **12,80 DM***

GABAL

GABAL-Verlag GmbH · Dudenhofer Straße 46 · 6720 Speyer · Tel. (06232) 9666 · Telefax (06232) 98609

Die Reihe für Ihre erfolgreiche Zukunft

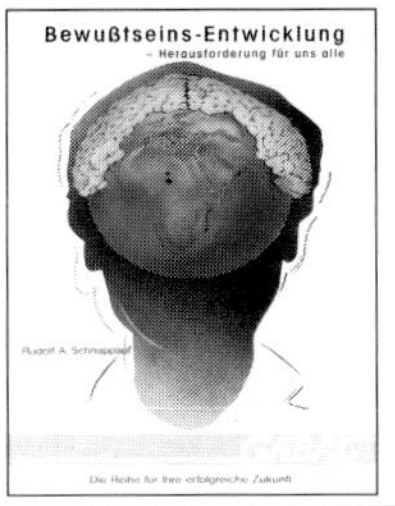

Gehirn und Lernen

Vera F. Birkenbihl
Stroh im Kopf?
Gebrauchsanleitung fürs Gehirn (Band 6). Bedeutung der beiden Gehirnhälften für das Lernen und Arbeiten. Tips für gehirngerechtes Vorgehen in der beruflichen Praxis.
ISBN 3-923984-56-1
188 S., br., **24,80 DM***

Bochow / Wagner
Suggestopädie (Superlearning) (Band 13).
Was ist „Superlearning", was vermag diese Lehrmethode, welche Erfahrungen haben Pädagogen und Didaktiker in der Praxis mit ihr gemacht?
ISBN 3-923984-11-1
180 S., br., **24,80 DM***

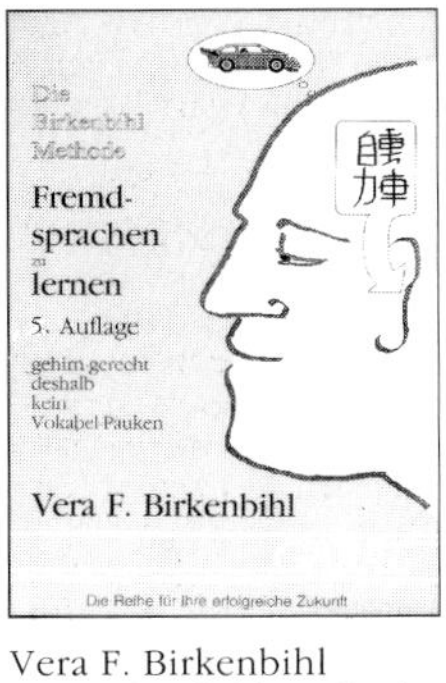

Vera F. Birkenbihl
Die Birkenbihl-Methode Fremdsprachen zu lernen (Band 21).
Eine verblüffend einfache Methode, mit geringem Zeitaufwand, ohne Vokabeln pauken, Fremdsprachen zu lernen. ISBN 3-923984-21-9
162 S., br., **24,80 DM***

Vera F. Birkenbihl
Stichwort Schule
Trotz Schule lernen!
(Band 23). Lernen ist nur dann trocken, langweilig und schwierig, wenn die Arbeitsweise des Gehirns nicht berücksichtigt wird.
ISBN 3-923984-23-5
152 S., br., **24,80 DM***

Birkenbihl / Blickhan / Ulsamer
NLP – Einstieg in das Neuro-Linguistische Programmieren (Band 24).
Die Entwicklung von NLP mit den wichtigsten Schlüsselbegriffen und ihre Anwendung in der Praxis.
ISBN 3-923984-64-2
72 S., br., **19,80 DM***

Spinola / Peschanel
Das Hirn-Dominanz-Instrument (HDI) (Band 26). Das HDI des Amerikaners Ned Herrmann unterscheidet vier getrennte Denk- und Verhaltensstile. Ein neuartiges Instrument für die Selbsterkenntnis.
ISBN 3-923984-26-X
112 S., br., **24,80 DM***

Egon R. Sawizki
Lernvergnügen (Band 29). Lernen ohne Druck und Streß ist auch für „weniger Begabte" leicht in die Tat umzusetzen. Mit Lernstrategien und Konzentrationsübungen.
ISBN 3-923984-29-4
128 S., br., **24,80 DM***

Rudolf A. Schnappauf
Bewußtseins-Entwicklung – Herausforderung für uns alle (Band 34).
Antwort auf zwei menschheitsentscheidende Fragen.
ISBN 3-923984-34-0
80 S., br., **14,80 DM***

Kurzseminar „Stroh im Kopf?" (Buch und drei Tonkassetten)
ISBN 3-923984-66-9
78,– DM*

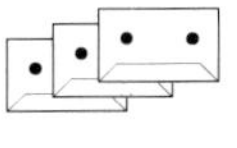

Auch einzeln erhältlich!

Gedächtnis allgemein: Gedächtnis-Mechanismen erfolgreich nutzen!
ISBN 3-923984-53-7
19,80 DM*

Mechanismen des Unbewußten bewußt nutzen: Es ist leicht das Gehirn optimal zu nutzen, wenn man weiß wie!
ISBN 3-923984-54-5
19,80 DM*

Namensgedächtnis: Eine Namen-Merk-Methode in drei Schritten.
ISBN 3-923984-55-3
19,80 DM*

Lehren und Lernen

Egon R. Sawizki
Pädagogische Psychologie für Ausbilder (Band 31).
Ein Leitfaden für Ausbilder, wie Jugendliche denken, Informationen aufnehmen und verarbeiten.
ISBN 3-923984-31-6
296 S. A4, br., **98,– DM***

Josef W. Seifert
Visualisieren – Präsentieren – Moderieren (Band 36).
Bewährte Methoden für eine verständliche Vermittlung von Informationen.
ISBN 3-923984-76-6
144 S., br., **24,80 DM***

Jürgen Graf (Hrsg.)
Planspiele: simulierte Realitäten für den Chef von morgen (Band 58).
Mit Planspiel-Marktübersicht.
ISBN-3-923984-58-8
256 S., gb., **68,– DM***

ManagerSeminare
Weiterbildungsmagazin für Unternehmer, Selbständige und Führungskräfte.
Erscheint 4x jährl.
Nr. 2 Teammanagement
Nr. 3 NLP
Nr. 4 Bewerberauswahl
Nr. 5 Fitness und Gesundheit
Nr. 6 EDV
Nr. 7 Lernmethoden und Problemlösungstechniken
Nr. 8 Strategische Personalentwicklung

*unverbindliche Preisempfehlung
Stand 1.7.92.
Preisänderungen vorbehalten.

GABAL

GABAL-Verlag GmbH · Dudenhofer Straße 46 · 6720 Speyer · Tel. (06232) 9666 · Telefax (06232) 98609

Geschäftsführer Günther K. überläßt seine Weiterbildung nicht dem Zufall...

Er liest regelmäßig ManagerSeminare, die Zeitschrift für die Weiterbildung von Führungskräften.

- ManagerSeminare informiert 4x jährlich über aktuelle Seminartermine und die Anbieter,
- zeigt aktuelle Trends im Seminarbereich auf und
- hilft, individuellen Weiterbildungsbedarf gezielt zu ermitteln.

Sofort einsenden an: GABAL-Verlag GmbH, Dudenhoferstr. 46, 6720 Speyer

Ja, ich möchte ManagerSeminare ab sofort regelmäßig lesen und bestelle das Magazin für mindestens ein Jahr zum Vorzugspreis von DM 32,- (inkl. MwSt. zzgl. Versandkosten) statt DM 39,20 für 4 Ausgaben. Ich kann das Abonnement jederzeit ohne Fristen kündigen, ansonsten verlängert es sich automatisch.

Meine Adresse:

Name, Vorname

Firma, Abteilung

Straße, Hausnummer

PLZ/Ort

Datum Unterschrift

Vertrauensgarantie: Ich kann diese Bestellung innerhalb von 10 Tagen widerrufen. Dazu genügt die rechtzeitige Absendung des Widerrufs. Mit meiner zweiten Unterschrift bestätige ich die Kenntnis dieser Vertrauensgarantie.

Unterschrift